포스트 마케팅
POST MARKETING

포스트 마케팅
POST MARKETING

AI가 정답을 주는 시대에 남은 질문들

더에스엠씨

김용태 김연지 김진구 김소연 박수진

변화의 최전선에서 일하는 사람들

2022년 말, 챗GPT가 공개된 후 우리는 매일 새로운 질문과 마주했습니다. 브랜드, 콘텐츠, 마케팅 분야는 변화의 충격을 가장 먼저 그리고 가장 깊게 맞은 영역이었습니다.

더에스엠씨는 디지털 미디어의 전환기에 탄생한 회사입니다. 포털에서 소셜로, 소셜에서 숏폼으로 이어진 변화의 물결 속에서 성장해 왔기에, 우리에게 미디어 변화는 익숙한 풍경입니다. 그래서 AI라는 새로운 전환 앞에서도 물러서기보다는 그 안으로 들어가 직접 경험하는 쪽을 택했습니다. 새로운 기술이 등장할 때마다 그것이 일의 본질을 어떻게 바꿀지 누구보다 먼저 체감해왔고 이번에도 마찬가지였습니다.

AI가 텍스트를 넘어 이미지와 영상까지 만들어내기 시작하면서 우리는 스스로에게 물었습니다. "이제 우리는 무엇으로 일하지?" 그 질문 뒤에는 경외나 신기함이 아닌 어떤 불안과 혼란이 자리 잡고 있었습니다. AI가 글을 쓰고, 전략을 정리하고, 이미지와 영상을 만들기 시작하면서 많은 것이 빠르게 효율화되었지만, 그만큼 '사람의 역할'에 대한 근본적인 물음이 생겨났습니다.

현장은 역설적으로 간단해진 만큼 복잡해졌습니다. 결과는 더 빨리, 더 많이, 더 쉽게 얻을 수 있게 되었습니다. AI가 제시하는 수많은 선택지 속에서 무엇이 우리 브랜드에 맞는 답인지 판단해야 하고, 기술의 가능성과 윤리적 책임 사이에서 선을 그어야 하며, 효율과 창의성이라는 두 가치를 동시에 지켜내야 하는 상황이 만들어진 것입니다. 도구는 단순해졌지만 문제의 층위는 오히려 깊어졌습니다.

더에스엠씨는 변화의 한가운데서 답을 줘야 하는 위치에 있습니다. 브랜드, 크리에이터, 플랫폼, 유저가 던지는 질문이 달라졌고, 브랜드와 소비자 사이, 기술과 크리에이티브 사이, 효율과 감성 사이에서 정답을 찾아야 했습니다. 하지만 AI 시대에는 정답을 찾는 일보다 '문제를 어떻게 정의하느냐'가 더 중요해졌습니다. 그래서 우리는 질문 자체를 들여다보기 시작했고, 그 질문들에는 패턴이 있었습니다. 한 명의 궁금증이 아니라 모두가 공통으로 마주한 현장의 언어였습니다.

이 책은 더에스엠씨 세 명의 리더와 나눈 대화를 한 목소리로 담았습니다. CEO 김용태는 비즈니스 전략과 시장 변화의 관점에서, CCO 김연지는 크리에이티브 실행과 브랜드 커뮤니케이션의 맥락에서, CTO 김진구는 기술 구조와 플랫폼 생태계의 시선으로 각자의 영역에서 마주한 질문들을 풀어냅니다. 특정 회사의 경험이기 이전에 AI를 현장에서 가장 먼저 겪은 사람들의 감각입니다.

정답을 말하려는 책은 아닙니다. 변화 속에서 본질을 잃지 않기 위해 기록한 노트입니다. 우리가 만난 질문들을, 질문이 만들어낸 사고의 흔적을 가능한 한 왜곡 없이 옮기려는 시도입니다. 콘텐츠를 업으로 하는 누군가가 AI 도구를 선택해야 할 때 캠페인 방향을 결정해야 하는 회의에서, 그 결과물을 검토할 때, 이 책이 하나의 참조점이 되길 바랍니다. 완성된 매뉴얼이 아니라 함께 질문을 정리해 가는 동료의 메모처럼요.

앞으로 AI는 더 뛰어나질 겁니다. 속도를 따라잡는 것보다 중요한 건 우리가 무엇을 묻고 있는지 아는 것입니다. 책을 덮고 다시 현장으로 돌아간 어느 날, "AI를 어떻게 써야 하지?"가 아니라 "어디에 기준을 두고, 어떤 결정을 내려야 하지?"를 생각하게 된다면, 이 책은 제 역할을 충분히 한 셈입니다.

질문을 바꾸는 일

2009년, 모바일과 소셜미디어라는 낯선 영토가 열리던 순간 더에스엠씨가 출발했습니다. 정답은 없었지만 미디어와 기술이 바뀌면 콘텐츠를 만드는 방식 또한 반드시 다시 쓰인다는 확신만은 분명했습니다. 지난 17년은 그 믿음을 바탕으로, 기술의 변화를 시장의 기회로 바꾸며 걸어온 시간이었습니다.

그리고 지금 우리가 마주한 AI는 단순한 도구의 진화를 넘어선 힘이 되었다고 확신합니다. 디지털 시장의 구조를 최적화하고, 콘텐츠 생산과 소비의 질서 자체를 재정립하는 힘입니다. 그래서 우리는 단순히 변화를 따라가는 회사가 될 것인지, 아니면 새로운 문법을 정의하는 회사가 될 것인지 근원적인 물음 앞에 다시 섭니다.

답을 주는 기술이 고도화될수록 차이를 만드는 건 결국 사람의 해석입니다. 무엇을 보고 어떤 질문을 던지느냐가 곧 실력이 되는 시대입니다. 콘텐츠로 사람을 움직인다는 우리의 철학은 이제 AI와 결합해 더 큰 도전을 시작합니다. 이 책은 그 여정의 첫 시작이자, AI 시대의 마케터가 놓치지 말아야 할 감각을 담은 치열한 고민의 흔적입니다.

CEO 김용태

안전한 평균을 깨는 감각

AI는 마케터에게 늘 두 얼굴로 다가옵니다. 전략을 짜고, 카피를 쓰고, 성과를 예측하는 일까지 이미 꽤 잘 해냅니다. 그래서 불안한 건 AI의 한계가 아니라 너무 잘한다는 사실 그 자체입니다. 효율을 높여준다고 말하지만, 동시에 우리가 쌓아온 감각과 판단을 무력화하는 듯한 순간도 분명 존재합니다. '이제 사람의 고민은 필요 없어지는 건 아닐까'라는 질문은 현장에서 일할수록 더 자주 떠오릅니다.

실무진이 느끼는 변화는 명확합니다. 판단은 빨라졌고, 결과는 평균에 가까워졌습니다. 문제는 그 평균이 너무 안전해 보인다는 점입니다. AI는 언제나 가장 그럴듯한 답을 내놓지만, 마케팅에서 결정적인 순간은 대개 그 답을 벗어날 때 찾아옵니다.

이 책은 'AI를 잘 쓰는 법'을 정리한 매뉴얼이 아니라, AI 이후에도 왜 마케터가 필요하다고 믿는지에 대한 기록에 가깝습니다. 어디까지 맡기고, 어디서부터 의심할 것인지. AI가 답을 내놓는 시대일수록, 역설적으로 판단과 책임의 무게는 더 커집니다. 무엇을 그대로 쓰고, 무엇을 버리며, 언제 틀어야 하는지 결정하는 일. 인간 마케터의 역할은 지금보다 더 선명해져야 합니다.

CCO 김연지

기술이라는 전략어

매일 쏟아지는 새로운 기술과 낯선 용어들. 개발자들조차 혀를 내두르는 이 변화의 속도 앞에서 마케터가 느끼는 막막함은 남다를 수밖에 없습니다. 기술의 파도가 가장 먼저 닿는 고객의 최전선에서, 사람들의 일상이 바뀌는 현장을 온몸으로 부딪치며 감내해야 하기 때문입니다. 그 두려움과 고민의 깊이는 누구보다 깊을 수밖에 없겠죠.

이제 검색 결과를 상위에 노출시키는 싸움은 답변으로 선택받기 위한 전략으로 바뀌고, 스마트폰에 갇혀 있던 경험은 온몸에 착용하는 피지컬 AI로 확장되는 시대를 맞이했습니다.

하지만 기술이 아무리 고도화되어도 그 방향을 잡는 것은 결국 사람, 즉 마케터인 당신의 몫입니다. 우리가 치열하게 고민한 흔적들이 당신의 직관과 만나, 막연한 두려움을 확신으로 바꾸는 든든한 무기가 되기를 진심으로 응원합니다.

CTO 김진구

목차

3. 콘텐츠와 광고　본질을 묻다

4. 브랜드와 소비자　생존을 묻다

에필로그　어떤 기준을 가져야 하는가: 세 개의 시선

프롤로그

AI는 어떻게
여기까지 왔을까
: 세 번의 전환점

첫 번째 전환점

2016년
알파고 vs 이세돌 대국

대중 인식 전환의 시작

구글 딥마인드Google DeepMind가 개발한 AI 바둑 프로그램 알파고AlphaGO를 기억하실 겁니다. 2016년 3월, 구글 딥마인드 챌린지 매치'에서 알파고와 바둑기사 이세돌 9단이 맞붙으며 바둑계를 넘어 전 세계 대중의 이목을 끌었죠.

특히 알파고가 총 5번의 대국 중 처음 3번을 연달아 이기며 일찌감치 대회의 승부를 결정지었다는 점이 화제가 되었습니다. 이세돌이 네 번째 대국에서 둔 '신의 한 수'로 값진 1승을 거두긴 했지만, 마지막 판에서 다시 알파고가 승리를 가져가며 최종 스코어는 4승 1패로 마무리되었고요.

그렇다면 알파고는 어떻게 인간 바둑기사를 이길 수 있었을까요? 알파고는 딥러닝[1]을 활용한 AI로, 단순히 경기 데이터만 외운 게 아니라 스스로 판단하고 학습할 수 있는 구조를 갖췄기 때

---

1 사람의 뇌처럼 학습할 수 있는 컴퓨터 기술로, 신경망을 통해 방대한 양의 데이터를 스스로 학습하는 인공 지능 기술

문입니다. 수천만 개의 수手를 학습해 인간이 어떤 상황에서 어떤 수를 두는지를 익힌 뒤, 스스로와 끝없이 대국을 반복하며 전략을 발전시킨 거죠.

그 덕에 알파고는 어떤 수가 유리할지 선택하는 판단력과 그 수를 두었을 때 이길 확률을 평가하는 분석력을 모두 발휘할 수 있었습니다. 그리고 수를 두기 전 여러 가지 시뮬레이션을 통해 가장 유리한 선택지를 찾았고요. 이처럼 알파고는 전략적 사고와 상황 판단이 가능한 수준으로 발전한 상태였고, 사람처럼 편견이나 습관에 갇히지 않기 때문에 허를 찌르는 묘수도 만들어 낼 수 있었던 겁니다.

특히 알파고가 AI 담론에서 상징적인 이유는 이 사건이 대중의 인식을 근본적으로 바꿔 놓았기 때문입니다. 알파고 이전까지 일반 대중에게 AI는 먼 미래의 이야기처럼 여겨졌습니다. 공상 과학 영화 속 설정이거나 전문가들만 다루는 기술이었고, 대다수 사람들의 삶과는 동떨어진 존재였죠. 당시만 해도 컴퓨터는 정형화된 숫자나 텍스트 데이터를 다루는 기계라는 인식이 일반적이었고요. 그런데 알파고의 승리는 상식을 완전히 뒤집는 사건이었고, 지금까지도 'AI가 인간을 이긴' 사건으로 회자되고 있습니다.

이처럼 알파고 대국은 AI가 인간의 영역까지 침범할 수 있는 존재라는 인식을 심어준 첫 번째 전환점이었습니다. 창의성, 직관, 전략적 사고처럼 인간 고유의 능력이라고 여겨졌던 것까지도 기계에게 빼앗길 수 있다는 가능성을 두 눈으로 목격했으니까요.

두 번째 전환점

2022년
오픈AI 챗GPT 무료 공개

생성형 AI의 대중화

2022년 11월, 오픈AIOpenAI는 GPT-3.5 모델 기반의 생성형 AI[2] 챗GPTChatGPT를 무료로 공개했습니다. 이전까지 AI는 대부분 기술적 백그라운드 차원에서 움직이는 존재였습니다. 검색 알고리즘, 음성 인식, 추천 시스템 등 일상 속에 스며들어 있었지만 실체를 체감하기는 어려웠으니까요.

그런데 챗GPT는 달랐습니다. 유저의 질문에 대답하는 수준을 넘어 문맥을 파악해 이야기를 이어갔죠. 유저의 요구를 바탕으로 글을 창작하기도 하고, 때로는 새로운 대안을 제시하기도 하고요.

특히 전문가가 아닌 일반 유저가, 컴퓨터 언어가 아닌 자신의 모국어로 활용할 수 있다는 점에서 AI의 패러다임이 완전히 바뀌었습니다. 놀라울 정도로 직관적이고 단순한 인터페이스는 AI 대중화의 문을 열었다고 해도 과언이 아닌데요. 실제로 챗GPT는 유

2　텍스트나 이미지 등 새로운 콘텐츠를 직접 만들어내는 창조형 인공 지능 기술

저 수가 출시 1주일 만에 100만 명, 40일 만에 1,000만 명을 넘어섰을 정도로 단기간에 폭발적인 성장을 달성했고요.

이는 곧 AI와 인간의 관계를 다시 규정하는 기점이 되었습니다. 이전까지 AI는 그저 기계였지만, 생성형 AI는 함께 일하는 동료로 인식되기 시작했습니다. 알파고의 승리가 일반 대중에게 AI의 위력을 처음으로 체감하게 한 사건이었다면, 챗GPT의 보급은 누구나 AI를 일상적으로 활용할 수 있게 된 초석이라고 할 수 있습니다.

이러한 변화는 산업 전반에도 깊은 영향을 미쳤습니다. 특히 언어를 기반으로 하는 영역에서는 이전에 상상할 수 없었던 속도로 빠르게 변화가 이뤄졌는데요. 기획서 초안 작성, 카피라이팅, 고객 상담 등, 사람의 언어가 중심이었던 일들을 이제는 AI가 척척 해내고 있죠.

이처럼 챗GPT의 등장은 인공 지능과 인간이 함께 살아가는 새로운 시대의 서막을 열었지만, 이는 시작에 불과했습니다. 생성형 AI는 곧 다양하고 복합적인 형태로, 그리고 우리가 상상했던 것보다 더 빠른 속도로 발전하게 됩니다.

세 번째 전환점

2024년
멀티모달 AI의 등장

활용 영역의 확장

구글이 2023년 12월에 선보인 제미나이Gemini 1.0 모델이 멀티모달Multimodal[3]이라는 개념을 알리며 AI는 또 다른 전환점을 맞이했습니다. 챗GPT가 텍스트 기반의 모델로 시작해 추후 멀티모달 모델까지 확대했다면, 제미나이는 처음부터 멀티모달을 기반으로 출발했다는 점에서 이목을 끌었죠.

AI가 텍스트 외에도 이미지, 음성 등 더 다양한 유형의 입력값을 처리할 수 있게 되면서 활용 범위는 기하급수적으로 넓어졌습니다. 서로 다른 감각이 합쳐질 때 세상을 더 입체적으로 인식할 수 있는 것처럼, AI 역시 다양한 데이터가 결합될수록 상황이나 맥락을 더 깊이 이해할 수 있기 때문인데요.

나아가 그 이해를 바탕으로 다양한 형식의 결과물을 만드는 내는 것도 가능해졌습니다. 대표적인 예가 바로 2025년 3월 업데이

---

3   AI가 텍스트뿐 아니라 이미지, 음성, 영상 등 다양한 입력 정보를 동시에 처리할 수 있는 기능

트된 GPT-4o의 이미지 생성 기능 업데이트입니다. 업데이트 당시, 자신의 사진을 입력하고 애니메이션 제작사 스튜디오 지브리 화풍의 이미지로 변환을 요청하면 마치 애니메이션의 한 장면 같은 일러스트를 출력해 주는 기능으로 화제를 모으기도 했죠.

이처럼 다양한 포맷의 결과물을 생성할 수 있는 멀티모달 AI는 콘텐츠 업계에 큰 파장을 일으켰는데요. 이제 AI가 만들어 낸 이미지와 영상이 소셜 미디어를 가득 채우고, 디자인이나 영상을 전공하지 않아도 전문가 수준의 창작물을 만들 수 있는 시대가 열렸습니다.

지금까지의 AI는 주어진 데이터의 범위 안에서 동작하는 도구에 가까웠습니다. 그러나 현실의 문제는 훨씬 복잡하고 다차원적인 맥락에서 발생하죠. 하나의 상황을 이해하기 위해 텍스트 설명만으로는 부족할 수 있고요. 그때 필요한 것이 시각 자료일 수도, 때로는 음성 자료일 수도 있습니다. 멀티모달 AI는 다양한 정보를 통합적으로 해석하고 그에 맞춰 판단을 내릴 수 있는 유연성을 갖추었다는 점에서 실용성을 크게 끌어올렸습니다.

이러한 변화는 이제 기술 발전이라는 단계를 지나 우리가 일하고 소통하는 방식을 포함한 일상 전반을 뒤흔들고 있죠. 그렇다면 우리는 이런 시대에 어떻게 반응해야 할까요?

인공 지능과 함께 살아가는 시대. 우리가 반드시 고민해야 할 감각과 다가오는 미래에 대처하는 전략에 대해 이야기해 보려 합니다.

Chapter

1

창의성의 본질

차이를 묻다

Question

창작하는 AI, 인간에게 남은 것은 무엇일까?

빙그레 컨텐츠전략팀 신민아

AI가 많은 역할을 대신하게 되면서
인간만의 감각과 해석이 더 뚜렷하게 드러나고 있습니다.
우리가 지켜야 할 창의성의 본질은
무엇인지 다시 바라보게 됩니다.

창의성은 기계가 대체할 수 없는 영역이라고 여겨왔지만, 이제는 창작까지 AI가 대신하는 시대가 되었습니다. 그렇다면 인간의 창의성은 무엇으로 정의할 수 있을까요?

AI는 막대한 데이터를 조합해 새로운 결과물을 만들어 냅니다. 텍스트부터 이미지, 음성, 영상에 이르기까지, 포맷이 다양해지는 것은 물론 퀄리티까지 정교해지고 있고요. 하지만 이것이 인간의 창작을 완전히 대체한다고 보기는 어렵습니다.

AI의 창작과 인간의 창작은 출발점 자체가 다르기 때문인데요. AI의 창의성은 이미 알고 있는 데이터를 기반으로 합니다. 한편 인간이 가진 창의성의 원천은 몰랐던 것을 새롭게 알게 되는 과정, 혹은 이미 알고 있던 것이라도 새롭게 바라보게 되는 과정에 있죠.

우리가 어떤 창작물을 '창의적이다'라고 평가하는 기준을 생각해 볼까요. 전문가 수준으로 완성도가 높은 창작물이 아니더라도 창의적일 수 있습니다. 비효율적인 것, 논리적이지 않은 것, 혹은 실수나 결핍에서 나온 결과물이 오히려 더 독창적이고 창의적이라는 평가를 받을 때도 많고요.

생각해보면 창작자들은 흔히 무언가로부터 영감을 받는다고들 말합니다. 영감의 근원은 천차만별이지만, 이 추상적인 개념에는 개인적 경험이나 감정에서 비롯되는 고유한 맥락이 담겨있죠. AI가 인간의 감정까지 학습할 수 있다고 해도 어디까지나 이론적인 개념일 뿐, 실제 사람이 살아가는 삶과는 다를 수밖에 없습니다.

그렇다면 데이터를 기반으로 하는 지능 측면에서는 인간보다 진일보했다고 바라볼 수 있을까요? 혹자는 인공 지능이 지성과는 다른 개념이라고 말하기도 하는데요.

AI가 잘 수행하는 일의 대부분은 높은 지능intelligence이 요구되는 작업입니다. 예를 들어 방대한 양의 데이터 분석이나 복잡한 연산을 처리하는 것처럼요. 하지만 지성wisdom은 다른 차원이에요. 지성은 단순히 정보를 처리만 하는 것이 아니라 맥락을 이해하고, 가치를 판단해 의미를 부여하는 능력이거든요.

AI는 '어떻게how'에는 강하지만 '왜why'에는 약합니다. 예를 들어 광고 성과 데이터를 입력하고 새로운 아이디어를 제안해 달라고 하면, AI는 우수한 사례를 분석하고 패턴을 정리해 여러 가지 아이디어를 제안해줄 수 있습니다.

하지만 그 아이디어를 왜 만들어야 하는지, 어떤 의미를 담아야 하는지에 대해 스스로 질문하거나 고민하지는 않습니다. 명령어가 주어졌을 때 주어진 데이터와 대화의 맥락을 근거로 결과를 도출할 뿐, 목적이나 이유를 성찰하지 않으니까요.

다시 말해 자신이 알고 있는 것을 의심하고 기존 틀을 뒤집어보는 메타적 사고, 즉 '생각에 대한 생각'은 여전히 인간이 해야 할 일입니다. 여기에는 무언가를 새롭게 정의하고, 관습에 의문을 제기하며, 완전히 다른 관점에서 의미를 재구성하는 지성적 활동 같은 것들이 포함되겠죠.

사실 과거에는 앞서 언급한 창작 또한 인간 고유의 영역이라고 여겼지만, 기술이 진보하면서 그 인식이 깨지게 되었습니다. 이제는 콘텐츠·마케팅 분야에서도 AI가 데이터 기반 자동화만 수행하는 것이 아니라 기획·창작까지 많은 업무를 바꾸거나 대체하고 있고요.

광고에 AI 이미지나 영상을 활용한다는 기사들이 나오기 시작했을 때 비판 여론이 엄청났습니다. AI가 만든 콘텐츠 특유의 시각적 인상이 '불쾌한 골짜기'처럼 느껴져서도 있지만, 기계가 대체할 수 없는 영역이라고 여겨졌던 창작까지 침범해 오는 것에 대한 불안과 두려움도 기저에 있던 것 같아요.

심지어 생성형 AI가 콘텐츠를 무한히 찍어낼 수 있게 되면서 공급 과잉 시대가 되었다는 비판도 나왔습니다. 기존에 존재하는 영상이나 이미지에 TTS^{Text To Speech, 텍스트를 음성으로 바꾸어주는 서비스} 음성을 입혀 만들어진 숏폼 콘텐츠, 일명 '양산형 숏폼'에 피로감을 느끼는 시청자들이 많아졌죠.

하지만 점차 시간이 지나면서 공해로만 여겨지던 AI 콘텐츠가 한 번 더 특이점을 넘어섰는데요. 이때에는 독특하고 기발한 상상력을 AI로 구현한, AI만이 할 수 있는 콘텐츠가 긍정적으로 소비되기 시작했습니다. 과일과 똑같이 생긴 유리를 칼로 자르는 ASMR 콘텐츠, 화산 용암을 먹는 먹방 콘텐츠, 귀여운 동물이 사람처럼 말하고 행동하는 콘텐츠 등 다양한 AI 콘텐츠 포맷이 주목받았던 것처럼요. 이제는 광고에 AI를 활용하는 것이 점차 익숙해지면서 성공 사례도 많아지고 있고요.

그럼에도 불구하고 AI로는 쉽게 대체되지 않을 직무나 역할은 무엇이라고 보시나요?

결국 끝까지 살아남는 건 신뢰를 설계하는 사람이라고 봅니다. 소비자는 여전히 사람에게 마음을 열고, 사람의 목소리에서 감동을 받고 싶어 하거든요. 그리고 AI가 생성하는 결과물의 품질이 점점 상향 평준화되면서 콘텐츠 생산자가 누구인지가 중요해지지 않을 즈음부터는 오히려 생산자의 신뢰성이 더 중요해질 수밖에 없을 겁니다. 넘쳐나는 가짜 뉴스로 진실과 거짓을 구분하기 어려워진 지금, 우리가 중요하게 여기는 것은 정보 그 자체의 양이나 질보다 정보 출처의 공신력인 것처럼요.

마찬가지로 'AI로 찍어낸 양산형 쇼츠'와 '잘 만들어진 AI 콘텐츠'의 본질적인 차이는 결국 누가, 왜 만들었는지에서 생깁니다. 실제로 요즘 광고주와 첫 미팅에서 콘텐츠 레퍼런스를 보여드리면 "이거 직접 만드신 콘텐츠 맞아요? AI가 한 거 아니죠?"라는 질문을 받곤 합니다. 결국 클라이언트가 진짜 확인하고 싶은 건 산출물의 퀄리티보다도 그 안에 담긴 메시지를 누가 기획하고 책임지고 있느냐는 거예요.

그래서 제안서를 낼 때도 '무엇을 만들겠다'보다 '왜 이걸 해야 하는가'를 먼저 설명합니다. 팀 내부 킥오프에서도 과업의 배경과 문제의식을 공유하는 데 많은 시간을 쓰고요. 그래야만 많은 사람이 시간과 노력을 들여 만든 결과물이 수많은 콘텐츠 중 하나로 스쳐 지나가지 않아요.

이런 관점에서 봤을 때 어쩌면 인간은 AI보다 불완전하고, 모순적이고, 비효율적인 존재일지도 모릅니다. 그런데 생각해 보면 신뢰라는 가치는 다소 비효율적인 문법을 따를 때가 많아요. 대표적인 예시가 예체능입니다. 김연아의 피겨 스케이팅에 전 세계가 감동을 받고 다음 무대를 기대했던 이유가 단순히 기술의 완벽함 때문만은 아닐 겁니다. 그가 자신만의 피겨 스케이팅을 완성하기 위해 얼마나 오랜 시간 끊임없이 연습하고 노력했는지가 무대에서 고스란히 보였기 때문이죠. 로봇이 제아무리 실수 없이 완벽한 트리플 악셀을 구사한다고 해도 그만한 감동은 없을 테니까요.

마케터의 일도 마찬가지입니다. 소비자에게 신뢰를 주기 위해 끊임없이 질문을 던지며 고유한 해석을 더하는 과정이 필요합니다. 그런 비효율적인 주관성이 신뢰를 만들고, 신뢰는 곧 브랜드 자산이 되어 무엇으로도 대체할 수 없는 가치를 만들 겁니다.

Question

한 끗 차이는 어디에서 올까?

AI가 결과물을 상향 평준화한 지금,

서로 비슷해진 결과물 사이에서 결정적 차이를 만드는 건

결국 미세한 한 끗입니다.

그 차이는 맥락을 읽고, 가치를 판단하고, 관점을 전환하는 능력처럼

기술로는 대체되지 않는 깊이에서 비롯됩니다.

우리는 이제 이전에는 상상도 할 수 없었던 속도와 퀄리티의 결과물을 만들 수 있게 되었습니다. 그런데 역설적으로 남들과 다르거나 압도적으로 잘하기는 훨씬 더 막막해진 느낌입니다.

누구나 상향 평준화된 결과물을 만들 수 있게 되었다는 건, 반대로 말하면 눈에 띄는 차별점을 만들기도 그만큼 어려워졌다는 뜻이기 때문입니다. AI는 과거의 방대한 데이터를 분석해 가장 실패 확률이 낮고 안전한 정답을 내놓습니다. 그래서 누구나 중간 이상은 가게 될 수 있다고 해도 그 이상의 차별점을 만들기는 쉽지 않습니다. 모두가 같은 도구로 비슷한 수준의 정답을 내놓는 곳에서는 아무도 눈에 띄지 않게 되죠.

이제는 결과물을 빠르게 생산하는 능력보다, 그 결과물에 어떤 의미를 담을 것인지, 어떤 선택지를 새로운 관점으로 제시할 것인지, 어떤 가치를 우선순위로 둘 것인지를 결정하는 능력이 더 중요해집니다. 이는 기술이 대신할 수 없는 온전히 인간의 사고만이 가능한 지점입니다.

그 한 끗 차이를 만들기 위해 먼저 AI의 사고와 인간의 사고가 어떻게 다른지 이해해야 합니다. AI의 사고는 한마디로 패턴 처리processing입니다. 이미 존재하는 데이터를 분석해 가장 개연성 높은 결론을 도출하죠. 반면 인간의 사고는 '정보의 위치를 재배치하는 과정'입니다. 뇌과학자 제프 호킨스는 그의 저서 〈천 개의 뇌〉에서 인간의 뇌가 정보를 저장하는 방식은 컴퓨터와 다르다고 설명합니다. 컴퓨터는 데이터를 있는 그대로 쌓아두지만, 인간의 뇌는 새로운 정보가 들어올 때마다 그것이 다른 정보와 어떤 관계인지 파악해 배치합니다.

이 과정에서 어떤 사람은 새로운 정보 A와 기존의 정보 B를 연결하기도 하고, 다른 누군가는 A를 뒤집어 재해석하기도 하죠. 자신만의 고유한 기준을 가지고 있기 때문에 같은 정보를 보고도 모두가 저마다의 결론을 내리게 되는 겁니다.

자신만의 고유한 기준이 인간의 사고에서 비롯된다는 말이군요. 그런데 그 사고를 키우려면 먼저 그것이 어떤 요소로 이루어져 있는지를 이해해야 할 것 같은데요. 인간 고유의 사고는 구체적으로 어떻게 정의할 수 있을까요?

데이터 너머의 의미를 포착하는 인간 고유의 사고는 크게 맥락, 가치, 관점이라는 세 가지 차원으로 정의됩니다.

첫째, '맥락적 사고'입니다. 맥락은 단순히 데이터를 해석하는 것이 아니라, 그 데이터가 지금 여기에서 무엇을 의미해야 하는지를 설정합니다. AI에게 광고 이미지 제작을 요청했을 때, 브랜드 로고와 제품 이미지는 정확히 나오지만 광고의 의도와 동떨어진 이미지가 생성될 때가 있습니다. 에너지 드링크 광고인데 한겨울 밤에 반소매 차림으로 서핑을 하는 장면이 나온다든가 말이죠.

이 같은 오류는 AI가 제품의 톤앤매너, 타깃 연령대, 노출 채널, 계절감 같은 요소를 프롬프트로 상세하게 입력하지 않는 한 스스로 이해하기 힘들기 때문에 발생합니다. 반면 인간 디자이너는 에너지 드링크 광고라는 제품을 '에너지', '역동성', '도전'과 같은 무형의 가치와 연결합니다. 그리고 제품의 타깃이 주로 활동하는 시간대나 장소, 계절감 등을 고려하여 여름 해변에서 역동적으로 서핑을 즐기는 모습과 같이 구체적인 상황을 자연스럽게 떠올리고 적용할 수 있죠.

둘째, '가치적 사고'입니다. 사회적 판단 아래서 무엇을 우선시해야 하는지에 대한 기준을 스스로 세우고 결정하는 능력인데요. 데이터로는 계산되지 않는 윤리적 감각, 사회적 맥락에서의 타당성, 그리고 대중이 느끼는 정서적 공감대까지 아울러 판단하는 과정입니다.

단적인 예로 AI는 심미적으로 아름다운 어린이 모델 이미지를 손쉽게 만들어낼 수 있습니다. 하지만 아동 안전 이슈로 사회적 불안감이 높은 시기에, 아이가 어두운 곳에 혼자 있는 연출이 '분위기 있다'보다 '위험해 보인다'라는 느낌을 줄 수 있다는 사실은 예측하지 못합니다. 다시 말해 메시지가 가져올 파장의 무게를 헤아릴 수 있는 것이 인간이 가진 사고의 깊이기도 합니다.

셋째, '관점적 사고'입니다. 주어진 문제를 그대로 해결하기보다 문제의 형태를 다시 정의하거나, 기존에 없던 질문을 먼저 제기하는 방식입니다. 문제를 새롭게 바라보는 관점은 마케팅에서 시장의 인식을 뒤집고 새로운 메시지를 강렬하게 인지시킬 수 있는 힘이 됩니다.

예컨대 나이키는 1988년에 '운동화를 파는 것'이 아니라 '운동을 통해 자신의 한계에 도전하는 정신'으로 문제를 재정의하면서 "Just Do It"이라는 완전히 새로운 커뮤니케이션 방식을 설계했습니다. 도브는 2004년에 '비누의 세정력'이 아니라 '여성의 자존감'이라는 관점으로 문제를 재설정하면서 "Real Beauty" 캠페인으로 뷰티 산업의 담론 자체를 바꿨죠. 이처럼 관점의 전환은 브랜드가 소비자와 대화하는 방식을 근본적으로 바꿉니다.

맥락, 가치, 관점 모두 학습보다는 경험의 영역에 가까운 듯합

사고력을 높인다는 건 세상을 바라보는 해상도를 높인다는 것과 같습니다. 화질이 좋은 모니터를 보면 저화질에서는 뭉개져 보이던 머리카락 한 올, 피부의 질감까지 선명하게 구분되어 보이죠. 사고력도 마찬가지입니다. 남들이 비슷하다고 생각하고 넘어갈 수 있는 것에서도 미세한 차이를 구분해 내는 능력이죠.

이런 능력은 특정 분야를 깊이 파고드는 과정에서 형성됩니다. 즉 폭넓은 공부보다는 좁은 영역에만 집중하는 몰입으로 길러지는 역량입니다. 깊이 있는 관찰과 해석의 경험이 쌓여 자신만의 렌즈가 만들어졌을 때 자신만의 해석 체계도 수립될 수 있으니까요.

쉽게 말하자면 '오타쿠おたく'라는 표현이 담고 있는 본질과 닿아 있습니다. 원래 오타쿠는 일본어로 '당신의 집'을 뜻하는 말에서 유래된 말인데요. 이제 어떤 사람의 세계를 집으로 비유해 특정 분야를 유난히 깊게 들여다보고 탐구하는 사람을 가리키는 표현으로 확장되었습니다.

그리고 오타쿠적 몰입은 장인 정신과도 매우 닮았습니다. 보이지 않는 디테일까지 집요하게 파고들고, 남들은 '이 정도면 충분하다'고 넘어갈 지점에서도 반복을 마다하지 않는다는 점에서요. 인간이 만드는 결정적인 한 끗의 차이는 바로 이 집요한 반복과 애정으로부터 탄생합니다.

예를 들어 영화 〈인셉션〉의 사운드트랙은 음악 감독인 한스 짐머의 대표작으로 손꼽힙니다. 그 이유는 타고난 천재성에서 나온 작품이 아니라, 음악사적 맥락과 작품의 서사를 집요하게 파고들어 자신만의 해석으로 재조립한 결과였기 때문입니다.

그는 1960년대 프랑스 샹송 가수 에디트 피아프의 노래 〈아니야, 난 아무것도 후회하지 않아Non, je ne regrette rien〉를 활용했습니다. 단순히 이 노래를 배경음악으로 깐 것이 아니라, 노래 속에서 특정 음音을 추출해 템포를 극도로 느리게 늘리는 방식을 택했죠. 이는 꿈속으로 들어갈수록 시간이 느려진다는 영화의 설정을 청각적으로 구현한 것인 동시에, "난 아무것도 후회하지 않아"라는 노래 가사를 영화 속 주인공이 가진 죄책감과 후회라는 정서적 맥락과 정교하게 연결한 것이라고 해석되기도 합니다.

만약 AI가 이 사운드트랙을 만들었다면 어땠을까요? 애초에 1960년대 프랑스 샹송과 SF 영화를 연결하겠다는 발상 자체를 떠올리기 힘들었을 겁니다. 음악사와 영화적 서사를 가로지르는 연결은 오타쿠적 몰입 없이는 상상조차 힘든 창조였으니까요.

기술이 아무리 발전해도 결정적인 역량은 여전히 인간에게 있다는 뜻으로 들립니다. 무엇을 만들지, 어떤 의미를 담을지를 좌우하는 건 결국 인간이라는 건가요?

그렇죠. 과거 장인들이 그랬던 것처럼 A부터 Z까지 직접 만들어 내지 않고 AI 툴을 활용한다고 해도, 인간의 개입 방식에 따라 결과물의 완성도는 천차만별이 됩니다. 이때 완성도란 심미적이거나 정성적인 차원 외에 비즈니스적인 측면에서도 그렇습니다.

토론토대 로트만 경영대학원의 아제이 아그라왈 교수는 "AI의 경제적 본질은 '예측 비용'을 획기적으로 낮추는 것"이라고 정의했습니다. 텍스트나 이미지를 생성하는 작업도 본질적으로는 공백을 채우기 위해 가장 적절한 데이터를 예측하는 행위이죠.

이때 경제학 원리에 따르면, 어떤 핵심 입력 요소의 가격이 하락하면 그와 짝을 이루는 보완재complement의 가치는 반대로 상승하게 됩니다. 그리고 아제이 아그라왈 교수는 AI 시대에 '예측'의 보완재가 바로 인간의 '판단력'이라고 말합니다.

여기서 '판단'이란 앞서 이야기한 맥락, 가치, 관점이라는 사고의 세 차원이 실제로 작동하는 순간입니다. AI가 수백 개의 시안을 1초 만에 예측해 쏟아낼 수 있어도, 무엇이 브랜드의 철학에 부합하는지, 무엇이 소비자의 미묘한 심리를 건드리는 한 끗인지를 가려내는 것은 데이터가 아닌 인간의 감각입니다.

결국 기술이 평준화될수록, 그 결과물의 가치를 알아보는 해상도 높은 안목이 가장 중요한 능력이 됩니다. 우리가 앞서 이야기한 집요한 몰입과 관찰은 바로 이 판단력의 수준을 높이기 위한 필수적인 과정인 셈입니다.

Question

답을 주는 시대, 과정은 여전히 필요할까?

토스랩 마케팅팀 헤드 강은정

클릭 한 번이면 결과가 나오는 환경에서도
과정이 만드는 깊이는 쉽게 대체되지 않습니다.
결국 무엇이 일의 완성도를 가르는지
차분히 돌아봐야 할 시점입니다.

예전에는 도서관에서의 무작위 탐독과 같은 시간으로 지식과 취향이 확장되곤 했는데, 이제 그런 우연한 발견의 순간들이 줄어들고 있습니다. 사라진 탐구와 헤맴의 시간을 무엇으로, 어떻게 대체할 수 있을까요?

AI가 우리의 시간을 아껴 주었다면, 남은 시간은 방향과 깊이를 만드는 데 써야 합니다. 때로는 정답을 찾아 헤매는 대신 틀린 답을 찾아볼 수도 있겠죠. 정답을 찾는 데 썼던 시간을 생각을 해체하는 시간으로 바꾸는 겁니다. 특정 문제에 대한 가장 극단적인 반대 의견을 묻는다거나, "내가 완전히 틀렸다고 가정하고 반박해 봐"와 같은 질문을 던지는 것처럼요.

또 하나는 연결고리 찾기에 집중하는 겁니다. 단편적인 산출물에만 집중하는 것이 아니라 고유한 의도와 맥락을 명확하게 정립하는 데 시간을 더 쓸 수 있겠죠. 예컨대 콘텐츠 제작 과정에서 AI가 영상 편집, 이미지 합성, 카피라이팅을 빠르게 해결해 주더라도, 결과물들을 어떤 맥락으로 묶어 하나의 내러티브로 만들지 결정하는 것은 인간의 역할입니다.

실무에서는 우리가 일을 하는 이유와 목적 자체를 다시 생각해볼 수 있겠죠. 팩트북을 예로 들자면, 팩트북의 정의 그 자체를 돌아볼 수 있습니다. AI가 수집한 것은 '데이터'이고, 우리가 팩트북에 담고자 하는 것은 무수하게 늘어놓는 데이터가 아니라 일정한 분석과 해석이 담긴 인사이트죠. 일의 효율만 놓고 본다면 AI가 더 짧은 시간 내에 많은 데이터를 수집할 수는 있더라도 결과물이 실제 팩트북으로써 얼마나 유의미한지는 또 다른 문제입니다.

무엇보다도 중요한 건 일의 목적입니다. 팩트북을 만드는 목적에는 전략 수립을 위한 자료 확보도 있지만, 이를 기반으로 팀 공통의 방향성을 수립하기 위함도 큽니다. 각자 다른 각도에서 시장을 바라보던 팀원들이 같은 자료를 보고 토론하면서 서로의 인사이트를 공유하게 되거든요. AI가 데이터를 수집하는 데 드는 시간을 줄여준다면, 그 시간을 깊이 있는 해석에 투자해 더 유의미한 인사이트를 도출할 수 있겠죠.

단순 데이터 수집과 정리가 아니라 아이디어 브레인스토밍처럼 좀 더 많은 생각을 필요로 하는 업무도 마찬가지입니다. 브레인스토밍의 진짜 가치는 아이디어 자체보다 서로의 아이디어를 함께 공유하고 더 나은 방향성을 검토하는 과정에 있어요.

그럼에도 현실적으로는 일의 목적과 과정의 중요성보다는 효율성에 더 집중하게 되는 경향이 있죠. 그렇다면 '과정의 가치'를 잃지 않고 스스로 사고하고 배울 수 있는 구조는 어떻게 유지할 수 있을까요?

AI가 단순 노동을 대신하면서 업무 효율성은 눈에 띄게 높아졌습니다. AI가 없었던 시절에는 도대체 어떻게 일을 했던 건지 기억조차 나지 않을 정도로요. 그런데 모든 일을 하나하나 직접 수행하는 과정이 힘들 수는 있어도 분명 일을 수행한 본인에게는 엄청난 자산이 됐을 겁니다.

시니어에 가까워질수록 정답을 찾기까지의 시행착오가 줄어들고, 그것이 연륜이고 지혜라 여겨집니다. 일하면서 배우는 경험이 개인과 조직을 함께 성장시키는 동력이라는 것은 당연한 사실이고요.

하지만 지금은 배움의 과정이 점점 짧아지고 있습니다. AI가 빠르게 정답 후보를 제시해주니 시행착오를 거칠 필요가 줄어드는 거예요. 스스로 부딪히며 문제를 정의하고, 때로는 실패하는 경험 속에서 왜 안 됐는지를 깊게 이해하는 시간은 점점 줄어드는 거죠. 언뜻 보면 더 효율적이고 이상적인 구조처럼 보이지만 그만큼 성장의 기회도 함께 줄어듭니다.

그래서 조직 차원에서도 서로 머리를 맞대고 고민하는 것처럼 비효율적인 과정을 일부러라도 설계해야 한다고 생각합니다. 단순히 효율만 추구하는 게 아니라 과정 자체를 경험하게 하고, 실패에서 교훈을 얻을 기회를 남겨두는 거죠. 효율성과 과정의 균형이 조직 성장의 핵심이자, 리더십과 팀이 일하는 방식을 재정의하는 새로운 기준이 될 겁니다.

Question

우리는 어떻게 '이용자'가 아니라 '활용자'가 될 수 있을까?

모두가 같은 도구를 쓴다고 해서
그 결과까지 모두 똑같은 것은 아닙니다.
기술이 보편화 될 수록 경쟁력을 갖추기 위해
더 치열한 고민이 따라야만 합니다.

이제 AI는 많은 사람의 일상과 업무에 없어서는 안 될 필수 도구로 자리잡았습니다. 하지만 모두가 같은 기술을 쓰는 시대에 경쟁력을 가지려면 단순히 '쓴다' 정도로는 부족할지도 모릅니다. 그렇다면 우리는 어떤 방식으로 경쟁력을 만들어가야 할까요?

'이용'과 '활용'은 다른 말입니다. 이용利用은 무언가를 필요에 따라 이롭게 쓴다는 의미입니다. 한편 활용活用은 '충분히 잘' 이용한다는 것을 의미합니다. 비슷한 듯하지만 엄연히 다른 단어죠. 업무를 더 빠르게 처리하는 것이 AI를 이용한 사례라면, 나아가 새로운 방식으로 일하는 것이 활용이라고 할 수 있습니다.

예컨대 AI에게 "우리 브랜드 제품의 마케팅 카피를 10개 써 줘"라는 명령어를 내리는 것은 이용하는 방식입니다. 하지만 기존에 없던 신제품을 기획하기 위해 시장 동향 조사부터 아이디어 도출까지, 각 단계에 최적화된 툴을 사용했다면 이는 활용하는 방식이 됩니다.

즉, 단순한 연산 처리 기계가 아니라 '인공 지능'을 충분히 잘 이용하고자 한다면 그만큼 구체화된 방안이 필요합니다. 내가 생각하지 못한 관점을 제시하게 하고, 내 아이디어의 맹점을 찾게 하고, 때로는 내 논리를 반박하게 만드는 것처럼요. AI를 정正이 아니라 반反으로 쓰고, 합合은 내가 만드는 거죠.

이때 중요한 건 여러 툴을 써보면서 각각의 성격을 파악하는 것입니다. 챗GPT는 빠르고 즉각적인 답변에 강하고, 클로드 Claude는 긴 글 정리에 강하며, 제미나이는 구글에서 만들어진 AI인 만큼 구글 생태계 연동 및 검색 기반 데이터에 강점이 있죠. 이런 실험의 폭이 넓을수록, AI를 단순한 자동화 기계가 아니라 자신의 역량을 확장해 주는 파트너로 활용할 수 있게 될 겁니다.

오늘날 많은 마케터들이 "내 일이 AI로 인해 사라질지도 모른다"는 두려움을 안고 있는데요. 이런 상황에서 그들이 가져야 할 시각은 무엇일까요?

AI는 우리의 경쟁자가 아니라는 것을 명확하게 인지해야 합니다. 포토샵이 등장했을 때 디자이너들이 사라졌나요? 오히려 더 많은 디자이너가 생겨났죠. AI도 마찬가지입니다. 포토샵이 있기 때문에 디자이너들이 자신의 아이디어를 시각적으로 구현할 수 있는 것처럼, AI 또한 영감을 보완하고 새로운 시도를 자극하는 협업 도구가 됩니다.

하지만 포토샵의 기능만 잘 다루는 사람과 포토샵으로 자신만의 아이덴티티를 구현하는 사람 사이에는 큰 차이가 있습니다. 어떤 도구도 창작자의 개성을 대신할 수는 없습니다. 책을 집필하는 것을 예로 들면, AI에게 글을 써달라고 하면 어떤 주제든 오류 없이 매끄럽게 써주지만, 그 글에 개성과 독창성이 있다고 말하기는 어려운 것처럼요.

마케터의 일도 마찬가지입니다. 매일 참신한 아이디어를 도출하기 위해 머리를 싸매고 있는 마케터에게 AI는 일을 줄이는 도구일 수도 있지만, 일의 범위와 깊이를 확장시키는 도구일 수도 있습니다. 전에는 할 수 없었던 일까지 AI의 손을 빌려 수행할 수 있게 된다면 일의 양은 오히려 많아질지도 모르죠.

사실 마케터의 일에서는 도구를 잘 활용하는 것만큼 문제를 명확하게 정의하는 것도 중요합니다. 특히 대부분의 마케팅 업무는 문제 정의에서 시작한다고 생각하는데요. 전통적인 종합 광고대행사 AE가 브랜드 전략과 장기적 캠페인 설계에 초점을 맞췄다면, 디지털 마케팅 AE는 실시간 데이터 속에서 문제를 정의한다는 건 단순히 해결해야 할 과제를 찾는 일이 아닙니다. 오히려 문제의 본질을 새롭게 규정하는 일에 가깝죠. 데이터가 넘쳐나는 시대일수록, 표면적인 수치나 현상보다 '무엇을 진짜 문제로 볼 것인가'를 결정하는 감각이 중요해집니다.

만약 클라이언트가 매출을 올려달라고 하면, AI는 매출을 올리기 위해 여러 방법들을 제시할 겁니다. 하지만 본질적인 문제를 정의하려면 먼저 왜 매출이 안 오르는지를 파악하고 원인을 분석해야겠죠. 지금 시장의 변화는 어떤지, 고객이 진짜 원하는 건 무엇인지, 브랜드와 소비자 사이에 어떤 감정적 괴리가 있는지를 종합적으로 파악하는 겁니다.

코스메틱 브랜드를 예로 들어볼까요. 20대 여성 고객의 구매액이 감소했을 때, '매출을 올린다'는 목표 달성을 위해 할인 프로모션을 진행한다면 단기적으로 매출이 반짝 오를 수도 있습니다. 하지만 실제 고객들이 구매를 줄인 이유가 제품의 가격에 대한 불만족이 아닐 수도 있죠. 기존 브랜드 메시지에 피로감을 느꼈을 수도 있고, 뷰티 트렌드 변화로 인해 신생 브랜드 제품을 더 선호하게 되었을 수도 있고요. 이런 '진짜 문제'를 찾아내고 정의하는 능력이 AI 시대에 마케터가 가져야 할 핵심 역량이라고 봅니다. AI는 답을 주는 도구지만, 어떤 질문을 할지는 여전히 인간이 결정해야 하는 영역이니까요.

실패, 시행착오,
불완전함은 그 자체가
콘텐츠가 되고
사람들은 그 안에서
감동을 받습니다.
모두가 효율성만
추구하는 시대에는
오히려 인간적인
고민과 시행착오가
브랜드의 힘이 되어줄 거예요.

Chapter 2

AI 미디어

경험을 묻다

Question

사라지는 검색창, AI는 포털과 소셜을 대체할까?

검색 대신 AI와의 대화로 궁금증을 해결하게 되면서
미디어의 중심축도 함께 재편되고 있습니다.
심지어 AI가 기존의 미디어를
대체할 것이라는 관측도 나오고 있습니다.

플랫폼 권력의 중심은 어떻게 이동해 왔나요? 검색 포털에서 소셜 미디어를 거쳐, 지금은 생성형 AI로 넘어오고 있다고들 합니다.

인터넷이 보편화된 2000년대의 질서는 늘 정보의 관문인 플랫폼이 주도했습니다. 가장 먼저 구글은 검색 포털을 통해 정보 권력을 장악했고, 2010년대에는 페이스북Facebook, 인스타그램Instagram, 틱톡TikTok과 같은 소셜 미디어가 알고리즘으로 사람들의 시간을 독점했습니다. 그리고 2020년대 현재에는 생성형 AI가 정보를 어떻게 접하고 활용할 것인가의 기준을 새로 쓰고 있죠.

과거 플랫폼들이 정보 탐색과 콘텐츠 소비를 중심으로 했다면, 생성형 AI는 이제 맥락을 이해하고 실제 액션까지 연결하는 인터페이스로 작동합니다. 소비자가 질문을 던지면 AI가 대답하고, 나아가 다음 스텝까지 제안하는 구조는 기존의 플랫폼이 전통적으로 수행해 왔던 기능과는 또 다른 관점입니다.

그래서 AI가 검색 포털이나 소셜 미디어의 기능을 모조리 '대체'할 것이냐는 물음에는 그렇지 않다고 답할 수 있습니다. 물론 일부는 '대안'이 될 수 있겠죠.

영화 〈그녀Her〉의 장면들이 힌트가 될 것 같은데요. 주인공 테오도르는 AI 사만다와 대화하며 이메일을 정리하고 답장을 보냅니다. 이때 사만다는 그저 테오도르의 일을 보조하는 비서가 아니라 인간의 감정에 반응하고 맥락을 이해하는 존재로 그려지죠. 테오도르의 질문에 정보를 찾아 요약하고, 상황에 맞게 맥락화된 대답을 주면서요. 하지만 사만다가 이메일을 보내는 도메인의 역할을 수행하지는 않습니다. 다시 말해 기존 플랫폼을 완전히 대체하기보다 새로운 영역을 개척했다고 볼 수 있죠.

결국 변화의 주도권을 가져갈 수 있는 힘의 원천이 데이터에 있다는 사실은 변하지 않습니다. 데이터를 얼마나 확보하고, 또 어떻게 가공·활용할 수 있느냐에 따라 플랫폼이 발휘할 수 있는 영향력이 달라지니까요.

생성형 AI도 마찬가지입니다. 실제로 많은 모델이 온라인 커뮤니티나 유튜브YouTube등에 업로드된 UGCUser Generated Content, 유저 생성 콘텐츠에 의존하고 있습니다. 사람들의 경험과 대화가 축적된 데이터가 있어야 답을 만들어 낼 수 있기 때문인데요.

글로벌 SaaS 기업 에스이엠러시Semrush의 조사 결과 챗GPT, 퍼플렉시티Perplexity 등 LLMLarge Language Model, 대형 언어 모델이 가장 많이 인용하는 도메인은 온라인 커뮤니티 레딧Reddit이었습니다. 인용 빈도는 레딧(40.11%), 위키피디아(26.33%), 유튜브(23.52%) 순으로, 상위 3개 도메인이 모두 UGC 기반 플랫폼임을 고려하면 실제 유저들이 생성한 콘텐츠가 굉장히 중요하다는 점을 알 수 있습니다.

구글의 제미나이가 주목받는 이유도 여기에 있습니다. 챗GPT가 주로 외부 콘텐츠에 기대고 있다면, 제미나이는 유튜브 콘텐츠를 비롯해 구글이 20년 넘게 축적해 온 검색 데이터, 지도 기반의 오프라인 데이터 등 자산까지 고스란히 끌어올 수 있습니다. 이와 함께 안드로이드라는 모바일 OSOperating System 또한 제미나이만의 강력한 무기입니다. 과거 소셜 미디어가 모바일 환경의 확산과 함께 폭발적으로 성장했듯, 접근성 높은 모바일 OS를 확보하고 있다는 점은 AI의 확산에 결정적인 역할을 할 수 있습니다.

구글은 글로벌 모바일 OS 시장에서 2025년 11월 기준 약 70%의 높은 점유율을 확보하고 있는데, 이는 챗GPT를 비롯한 타 AI가 갖추지 못한 독보적인 인프라입니다.

생성형 AI는 소셜 미디어와 비교했을 때 성장 속도나 시장 장악력에서 어떤 차이를 보여주고 있나요? 특히 국내 시장에서 나타나는 특이한 양상이 있을까요?

글로벌 시장에서 챗GPT는 출시 두 달 만에 월간 유저 1억 명을 돌파하며 틱톡이나 인스타그램보다 훨씬 빠른 성장세를 보였습니다. 이는 생성형 AI가 단순한 유행이 아니라, 플랫폼 권력의 새로운 중심으로 자리 잡고 있음을 보여줍니다.

국내에서도 챗GPT는 눈에 띄는 성장세를 보였습니다. 2024년 말 챗GPT의 월간 사용자 수가 526만 명을 기록하며 전년 대비 7배 넘게 늘었고, 유저 1인당 월평균 사용 시간도 전년 동월 대비 20분가량 증가해 51.6분에 달했습니다. 2025년 8월에는 국내 유저가 2,000만 명을 돌파했는데, 이는 국내 스마트폰 유저의 약 40%에 달하는 수치입니다.

특히 주목할 점은 한국이 미국 다음으로 유료 챗GPT 가입자가 많은 국가라는 것인데요. 2025년 9월에는 오픈AI가 오픈AI 코리아 출범을 발표하기도 했죠. 이로써 한국은 아시아에서 세 번째 오픈AI 지사 설립 국가가 되었는데, 이는 한국이 AI 기술을 가장 빠르게 실생활과 산업 현장에 녹여 내는 국가 중 하나라는 상징이기도 합니다.

한국의 디지털 생태계가 생성형 AI와 잘 맞아떨어진 것 같습니다. 생성형 AI는 기존 플랫폼 구조의 한계를 뛰어넘어 전에 없던 편리성을 제공했죠. 기존에는 검색·요약·비교가 각각 다른 서비스에서 이뤄졌다면, 챗GPT는 그 모든 단계를 한번에 처리해주니까요.

이런 특성은 실용성과 즉각성을 중요하게 여기는 한국 소비자들에게 굉장히 큰 가치를 제공했습니다. 2000년대부터 국내에서 네이버 지식iN이 보편적으로 사용되어 왔던 것을 보면 한국 특유의 정보 탐색 문화를 이해할 수 있는데요.

네이버 지식iN은 한 유저가 질문을 올리면 다른 유저들이 각자 그에 대한 답변을 달고, 질문자가 그중 가장 유익한 답변을 채택하는 플랫폼입니다. 많은 커뮤니티에서 유저들의 자발적인 지식 교류가 이루어지긴 하지만 지식iN에서는 일상의 궁금증을 빠르게 해결하고, 다수의 의견을 통해 '실질적인 정답'을 찾고자 하는 유저 성향이 도드라지죠.

그래서 온라인에 질문을 올리고 답변을 기다리는 방식에 이미 익숙했던 유저들에게 챗GPT는 '개인 맞춤형 지식iN'처럼 느껴졌을 거예요. 질문하는 즉시 답변이 나오고, 만족스러운 답변이 나오지 않았다면 내 질문의 의도에 꼭 맞는 답변이 나올 때까지 추가 질문도 얼마든지 이어 갈 수 있으니까요.

▲ 샘 올트먼 오픈AI CEO의 '지브리 프사' 이미지

생성형 AI가 한국 시장에서 폭발적인 성장을 달성할 수 있도록 한 요인 중에는 챗GPT의 '지브리 프사' 이미지 생성 유행도 있습니다. 챗GPT에 자신이 찍은 사진을 업로드하고 명령어 한두 줄만 입력하면 끝인 간단한 방식 덕에 누구나 쉽게 유행에 탑승할 수 있었죠.

또한 생성된 이미지를 프로필 사진으로 설정한다는 점이 참여층을 넓히는 요인으로 작용했습니다. 한국은 밈meme이 워낙 빠르게 퍼지기도 하지만, 유교권 문화인 만큼 가족 단위 중심의 공유가 활발하게 이루어지죠. 이러한 문화가 맞물려 유행에 민감한 1020세대 뿐만 아니라 그들의 부모부터 조부모 세대까지 함께 프로필 사진을 '지브리 프사'로 바꾸게 되었고요.

그래서 표면상으로는 한국이 AI 사용에 굉장히 친숙한 것처럼 보이지만, 우리의 업무나 일상 전반에 실질적으로 얼마나 깊숙이 들어왔는가 하면 아직은 과도기에 있는 것으로 보이기도 합니다. 유저 수와 사용 시간은 급증했지만 그 용도는 자료 검색이나 문서 정리 등으로 제한적인 경우가 많으니까요.

사실 생성형 AI가 과도기에 있다는 말은 유저 관점뿐 아니라 시장 관점에서도 동일하게 적용될 수 있을 것 같은데요. 시장에 새로운 기술이나 플레이어가 등장하면 기존 산업과의 갈

변화가 가장 먼저 체감되는 영역은 검색 광고입니다. 검색 광고는 유저의 검색 의도를 파악해 관련 광고를 노출하는 방식인데, 이제는 AI가 정보 유통 구조 자체를 바꾸고 있으니까요. 기존에는 유저들이 '질문→검색→여러 사이트 방문→정보 수집' 순으로 정보를 접했었다면, 이제는 '질문→답변 확인'으로 간소화되면서 웹사이트들의 트래픽이 생성형 AI로 이전되었죠.

그런 측면에서 봤을 때 생성형 AI는 기존의 검색 광고 시장에 균열을 일으키고 있는 강력한 경쟁자입니다. 하지만 기존 검색 광고 비즈니스를 무너뜨릴 만큼 큰 충돌을 일으켰다고 보기엔 어렵죠.

글로벌 검색 시장의 대표 주자인 구글은 소비자 행동을 '4S' 모델로 제시합니다. 이때 4S는 스트리밍streaming, 스크롤링scrolling, 서칭searching, 쇼핑shopping을 의미하는데요. 이 네 가지 행동은 각각 개별적으로 발생하는 것이 아니라 유기적으로 연결되어 일어납니다. 유튜브에 어떤 콘텐츠를 검색한 후 결과창을 스크롤하고, 특정 콘텐츠를 골라 시청하던 중 유튜브 쇼핑 태그를 통해 제품을 발견하게 되는 것처럼요.

구글의 검색 광고는 검색 엔진 하나만으로 작동하는 것이 아니라 4S 구조를 견고하게 갖추었기 때문에 경쟁력을 지닌 비즈니스 모델입니다. 아직 이에 대적할 만큼 탄탄한 자체 생태계를 구축한 생성형 AI는 등장하지 않았고요.

물론 앞으로의 AI가 어떻게 발전하는가에 따라 기존 시장의 질서가 완전히 달라질지도 모릅니다. 오픈AI는 2025년 4월 챗GPT 내에서 제품 구매가 가능한 '쇼핑' 기능을 선보인 데 이어, 같은 해 10월에는 소셜 미디어 '소라(Sora)'를 론칭했습니다. 소라는 AI를 활용해 직접 영상을 생성하고 공유하는 앱으로, 구글 4S 모델 중 '스트리밍'과 '스크롤링' 영역에 해당하는 서비스입니다.

다시 말해 기존의 챗GPT가 4S '서칭'에 국한된 서비스였다면, 이제 오픈AI는 쇼핑과 영상 기반의 소셜 미디어까지 영역을 확장하며 독자적인 생태계와 비즈니스 모델을 구축하겠다는 포부를 실제로 구현해 낸 것입니다.

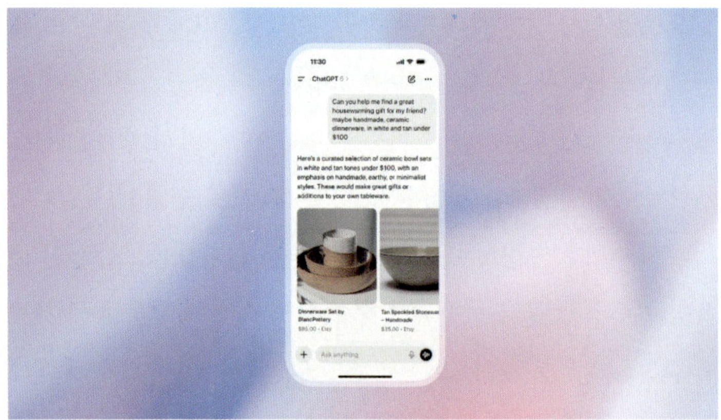

▲ 챗GPT 쇼핑 기능

챗GPT 출시 이후 구글의 검색 시장 점유율이 하락하기는 했습니다. 2024년 10월에 구글은 검색 점유율 89.3%를 기록했는데, 구글 검색 점유율이 90% 이하로 내려간 것은 2015년 이후 10년 만이었습니다. '넥스트 구글'을 노리는 후발 주자들에도 굴하지 않고 늘 점유율 90% 이상을 유지했던 구글이 강력한 경쟁자를 마주한 것은 사실인 셈이죠.

그렇지만 2024년 10월 이후로 구글의 검색 점유율은 꾸준히 89%를 유지하고 있고, 검색 광고 매출은 오히려 늘었습니다. 2025년 2분기 구글의 검색 광고 매출은 542억 달러였는데요. 이는 전년 동기 대비 12% 증가한 수치라는 점을 고려했을 때, 구글이 그동안 쌓아 온 아성이 쉽게 무너지지는 않을 것으로 보입니다.

하지만 AI의 등장은 이미 플랫폼 질서를 다시 짜는 새로운 구도를 만들어 내고 있습니다. 구글과 메타Meta처럼 기존 생태계를 지키려는 플레이어, 그리고 오픈AI처럼 완전히 새로운 질서를 설계하려는 플레이어 사이의 경쟁은 점점 더 치열해질 테고요.

이제 경쟁의 축은 기술이 아니라, 기술을 기반으로 유저 경험과 수익 모델을 재정의할 수 있는 역량에 있습니다. 그래서 각 플랫폼은 경쟁력 있는 가치 사슬을 설계하기 위해 앞다투어 다양한 전략을 시도하고 있고요.

현재 생성형 AI의 비즈니스 모델은 크게 세 가지 방향으로 나눕니다. '제미나이 프로Gemini Pro'와 같은 구독 모델, B2B 중심의 API Application Programming Interface, 응용 프로그램 간 인터페이스 판매, 그리고 파트너십 구축이죠. 그리고 다음 비즈니스 모델로 주목받고 있는 것이 AI의 답변 과정에서 자연스럽게 브랜드나 제품을 언급하는 AI 네이티브 광고입니다. TV가 나오면서 PPL이 나오고, 검색이 대중화되며 검색 광고가 생긴 것처럼,

AI가 제공하는 경험 속에 브랜드나 제품이 자연스럽게 녹아드는 형태로 비즈니스를 연결하는 것이죠.

결국 플랫폼의 경쟁력을 높이기 위해 필요한 건 완전히 새로운 혁신이나 타의 추종을 불허하는 기술 같은 것이 아닙니다. 다음 시대 플랫폼의 권력은 사람들의 관심과 행동이 모이는 곳을 포착해 그 안에서 연결점을 설계하는 전략에 달려 있습니다.

Question

초개인화 알고리즘, 우리의 선택은 진짜일까?

정교한 추천은 편리함을 주지만
동시에 선택의 범위를 좁히기도 합니다.
개인화가 소비자의 자율성과 경험에
어떤 영향을 주는지 살펴볼 필요가 있습니다.

포털은 유저가 검색을 통해 스스로 원하는 것을 탐색할 수 있도록 정보를 제공했다면, 소셜 미디어에서는 알고리즘이 유저가 좋아할 만한 콘텐츠를 먼저 선별해 제시합니다. 개인 맞춤화된 콘텐츠만 접하게 되면서 정보 편향이 생기는 현상을 필터 버블Filter Bubble이라고 하는데, 이때 소비자로서의 주도성과 선택권도 줄어드는 건 아닐까요?

알고리즘은 우리의 취향과 행동을 정밀하게 읽어내고 그에 맞는 콘텐츠와 상품을 끊임없이 제시합니다. 하지만 생각해 보면 때로는 원래 선호하던 브랜드의 제품보다 처음 접한 브랜드의 제품에서 더 큰 만족감을 얻기도 하죠. 길을 걷던 중 우연히 옷 가게의 쇼윈도에서 마음에 쏙 드는 옷을 발견하는 것처럼요.

결국 초개인화 마케팅을 통해 소비자의 만족도를 극대화하려면 정확성의 효율과 발견의 다양성 사이에서 균형을 잘 맞추는 과정이 필요할 겁니다. 초개인화라는 키워드에만 집중해 정확성만 좇다 보면 소비자 입장에서는 자신의 모든 행동을 기억하고 있는 플랫폼에 대해 오히려 피로감을 느낄 수도 있고요.

물론 이러한 우려가 지금 단계에서는 다소 앞선 이야기일 수도 있습니다. 다만 소비자가 AI의 제안을 얼마나 신뢰하고 그 경험에 얼마나 깊이 관여하느냐에 따라 초개인화 기술의 효과가 달라지는 만큼, 그 효과를 극대화하기 위한 전략을 고민할 필요가 있죠.

그렇다면 초개인화가 모든 영역에서 효과적이라고 보긴 어렵겠네요. 제품이나 콘텐츠의 특성에 따라 체감되는 차이도 있을 것 같은데요.

초개인화가 얼마나 유용하게 작동하느냐는 무엇을 어떤 상황에서 소비하느냐에 따라 달라질 수밖에 없습니다. 릴스에서 보는 숏폼 콘텐츠는 알고리즘이 추천하는 즉시 소비되지만, 넷플릭스Netflix가 추천하는 장편 시리즈는 실제로 선택하고 시청하기까지는 시간이 비교적 오래 걸리는 것처럼요.

저관여 제품에서는 알고리즘 추천이 편리함을 강화합니다. 식재료 구매를 위해 컬리 앱을 켰을 때 "혹시 구매할 때 되지 않으셨나요?" 팝업이 뜨고, 해당 팝업에서 마침 다 떨어져 가던 계란을 추천해 준다면 큰 고민 없이 바로 장바구니에 담게 되는 것처럼요.

그렇지만 고관여 제품으로 갈수록 효용성에 대한 의문이 생길 수 있습니다. 고관여 제품을 구매할 때는 고려해야 할 요소가 많은 만큼 알고리즘이 제시하는 정보를 보고 즉각적인 판단을 내리기가 어렵기 때문입니다. 유저가 스스로 탐색하고 비교하며 쌓아온 기준을 단편적인 추천만으로 바꾸기 어렵기도 하고요.

AI가 지금보다 더 고도화되면 소비자와 브랜드의 관계, 즉 소비자가 브랜드를 발견하고 브랜드와 유대감을 형성하는 과정까지도 달라지게 될까요?

브랜드의 팬덤은 단순히 제품의 품질이나 가격에서만 생기지 않는다는 점을 고려해야 합니다. 소비자가 스스로 브랜드를 접하거나 체험하고, 그 과정에서 축적된 경험이나 감정이 유대감으로 이어질 때 비로소 팬덤으로서의 관계가 형성되는데요.

소비자가 AI의 추천에 따라 빠르게 구매 결정을 내리게 된다면 본인이 스스로 브랜드를 탐색하고 선택하는 주체성은 줄어들 수 있습니다. 특정 브랜드에 대한 주관이나 정서적 유대감을 형성할 만한 과정이 없다보니 브랜드를 단순한 옵션으로만 소비하게 될 수 있다는 것이죠.

즉, 브랜드를 직접 체험하는 것은 소비자가 브랜드를 '나의 브랜드'로 받아들이게 만드는 핵심 장치입니다. 많은 브랜드가 소비자에게 발견과 경험의 즐거움을 제공하고자 노력하는 이유도 그러한 이유입니다. 더현대 서울이나 성수동에서 매일 팝업 스토어가 열리는 것처럼요.

그렇다고 해서 개인에게 최적화된 선택지를 제시하는 것이 꼭 새로운 경험의 기회를 제한한다고 단언할 수는 없습니다. 불필요한 발견을 줄임으로써 유의미한 접점을 늘려줄 수 있으니까요. 예를 들어 외모 단장에 큰 관심이 없는 40대 남성이 광고를 통해 새로 출시된 색조 화장품을 접하게 된다면 이것이 긍정적인 경험으로 기억될까요? 생뚱맞은 광고라는 생각만 들 겁니다.

그런데 AI가 고도화되면 고객이 검색창에 직접 입력하지는 않았지만 암묵적으로 필요로 하는 브랜드와의 접점을 넓혀줄 수 있습니다. 예컨대 유저가 '제주도 항공권'을 검색했을 때는 유저의 연령대나 취향 등을 고려해 렌터카나 현지 투어 상품까지 함께 제안할 수 있겠죠.

브랜드와 소비자가 새로운 방식으로 연결될 수 있는 길이 열린 한편, 개인의 피드는 끝없이 세분화되고 있습니다. 그렇다면 모두가 동시에 몰입하는 집단적 경험을 설계하는 브랜드, 즉 '트렌드를 만드는' 브랜드는 어떻게 만들어질 수 있을까요?

집단적 경험이란 단순히 똑같은 콘텐츠를 동시에 소비하는 것만을 의미하지 않습니다. 여러 사람이 같은 사건이나 콘텐츠를 경험하며 당대의 문화나 분위기에 대해 공감대를 형성하는 것도 집단적 경험이 되죠.

그런데 이러한 동시적 경험을 플랫폼이 주도하던 구조에서 벗어나 유저 중심으로 권력이 움직이기 시작했습니다. 네이버는 2021년 실시간 검색어 기능을, 유튜브는 2025년 인기 급상승 동영상을 각각 폐지했는데요. 이는 플랫폼이 주도적으로 화제를 만들어내던 시대를 지나 콘텐츠 소비의 주도권이 개별 이용자에게 분산되기 시작했음을 보여줍니다.

실제로 최근 유저들은 같은 유저들이 직접 만들어 내는 문화에 적극적으로 반응하고 참여합니다. 유튜브 라이브를 시청하며 댓글을 달기도 하고, 틱톡 챌린지에 직접 참여하기도 하죠. 혹은 인스타그램 DM으로 서로에게 흥미로운 콘텐츠를 공유하며 공감대를 형성하기도 하고요.

특히 X(구 트위터)의 탐색 탭에서 볼 수 있는 '실시간 트렌드'는 모든 유저에게 동시적 경험을 제공하는 대표적인 기능입니다. 실시간 트렌드란 유저들이 많이 언급하고 있는 키워드를 검색 창에서 확인할 수 있는 기능인데요. 해당 키워드가 들어간 실제 게시물의 개수가 함께 노출된다는 점이 특징적입니다. 특정 주제에 대해 얼마나 많은 유저들이 함께 이야기하고 있는지를 직관적으로 확인하고, 트렌드에 동참해 자신의 의견도 함께 게시할 수 있도록 한 것이죠.

실시간 트렌드는 X가 유독 밈과 트렌드가 빠르게 태어나는 플랫폼으로 자리 잡게 한 핵심이라고 평가되곤 합니다. 일론 머스크는 2025년 4월 자신의 X 계정에서 X를 '지구 전체의 그룹 챗group chat of earth'이라고 언급한 바 있는데요. 개개인이 자신의 피드에서 흘러가는 콘텐츠를 소비하는 것이 아니라, 모두가 동시에 이야기하고 반응하는 공통의 장을 제공하려는 겁니다.

결국 초개인화가 취향을 정교하게 다듬는다면, 공통의 경험은 취향에 맥락을 부여합니다. 그리고 우리의 선택은 개인과 집단을 오가는 과정 속에서 만들어지는 것이죠.

Question

SEO에서 AEO로, 검색 없는 시대의 광고는 어디로 향할까?

새로운 정보 탐색 구조 속에서
'상위 노출'로 대표되던 우위가 어떻게 달라질지
고민이 커지고 있습니다.
이때 'AEO'라는 새로운 전략에 업계의 관심이 모입니다.

포털 시대에는 네이버 검색 결과 화면 맨 위에 뜨는 콘텐츠에, 소셜 미디어 시대에는 많은 사람의 피드와 알고리즘에 노출되는 콘텐츠에 힘이 실렸습니다. 그렇다면 AI 시대 콘텐츠의 질서는 무엇으로 결정될까요?

한마디로 'AI가 이해하기 쉬운 콘텐츠'가 살아남는 시대입니다. 검색 랭킹이나 소셜 미디어 피드의 알고리즘이 일정한 데이터 규칙을 기반으로 작동했던 것처럼, AI가 답변에 인용하기 용이한 콘텐츠 규칙이 존재한다는 것인데요.

대표적으로 거론되는 것이 AEOAnswer Engine Optimization, 답변 엔진 최적화와 GEOGenerative Engine Optimization, 생성 엔진 최적화입니다. AEO는 검색 엔진 기반으로 답변을 제시하는 방식을 뜻합니다. 원래 구글이나 네이버에서 검색하면 특정한 답변을 제공하는 것이 아니라 검색 결과가 나열된 웹페이지를 보여주었다면, AEO는 결과를 AI가 요약해 하나의 답변을 만들어 내는 방식입니다.

	SEO	AEO	GEO
용어	Search Engine Optimization	Answer Engine Optimization	Generative Engine Optimization
동작 플랫폼	구글, 네이버 등 검색 엔진	구글 AI 개요, 구글 AI 모드, 네이버 AI 브리핑	챗GPT, 제미나이 등 생성형 AI
결과 형태	SERP (검색결과 페이지, 링크 중심)	AI 답변 + SERP 혼합	AI 답변 + 전용 툴/기능
사용자 의도	명시적 의도 (검색어 기반)	명시적 의도 + 맥락적 이해	모호하거나 복합적인 질문까지 수용
콘텐츠 역할	키워드 중심 최적화 (텍스트/메타데이터)	구조화, 출처 명확한 콘텐츠	학습, 재가공 가능한 데이터 자산

▲ SEO·AEO·GEO 비교

이렇게 보면 어려운 개념인 것 같지만 사실 우리가 이미 많이 접해 본 기능입니다. 검색창에 검색어를 입력했을 때 결과 페이지 최상단에 AI가 요약한 답변이 노출되는 것을 보신 적 있으실 텐데요. 네이버의 'AI 브리핑', 구글의 'AI 개요AI Overview'와 같은 기능이 대표적인 사례입니다.

GEO도 AI가 여러 데이터를 조합해 하나의 결괏값을 만들어 낸

다는 기본 원리는 같습니다. 다만 GEO는 검색 엔진이 아닌 대형 언어 모델 자체에서 답을 도출하는 구조를 말합니다. 챗GPT나 제미나이에서 무언가를 질문했을 때 그에 대한 대답을 제공하는 것처럼요.

결국 유저의 검색 결과에 더 많이, 더 잘 보이는 콘텐츠가 살아남는다는 질서는 기존의 SEO와 유사한 것처럼 보이는데요. AEO, GEO가 SEO와 다른 점은 무엇인가요?

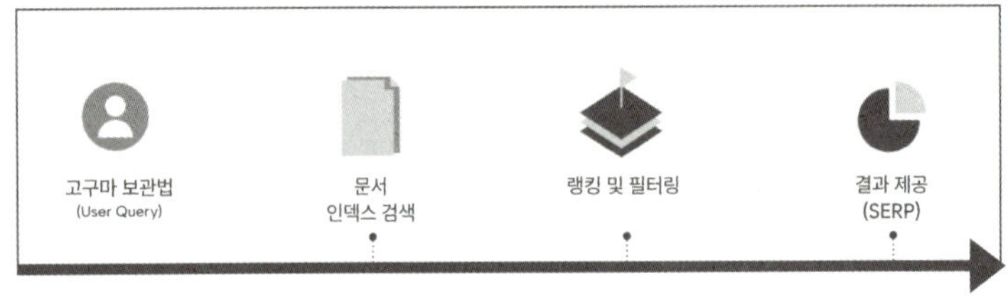

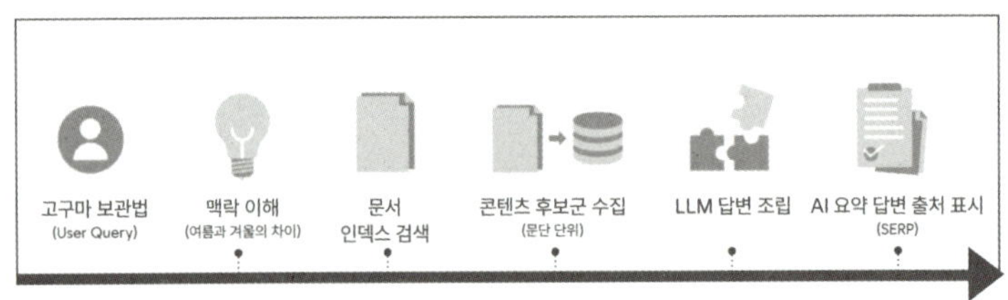

▲ 전통적인 검색 엔진과 AEO 구조 비교

유저의 의도에 맞춰 최적의 결과물을 제공한다는 궁극적인 목적은 SEO, AEO, GEO 모두 동일합니다. 하지만 그 과정을 들여다보면 GEO는 기존의 SEO나 AEO와는 궤를 달리합니다. GEO는 검색 엔진이 아닌 LLM이 답변의 주체가 되는 모델이기 때문인데요. 검색 기능은 필요할 때 꺼내 쓰는 도구일 뿐, 핵심은 AI가 학습한 데이터를 바탕으로 직접 답변을 생성하는 데 있습니다.

그런가 하면 AEO는 유저 입장에서 결국 검색 결과 페이지 내에서 정보를 접하게 되기 때문에 기존의 SEO와 결이 같아 보입니다. 하지만 작동 방식에는 분명한 차이가 존재합니다. 이 둘이 어떻게 다른지는 구글의 일반적인 검색 결과와 AI 개요의 구조를 비교해 보면 명확해집니다.

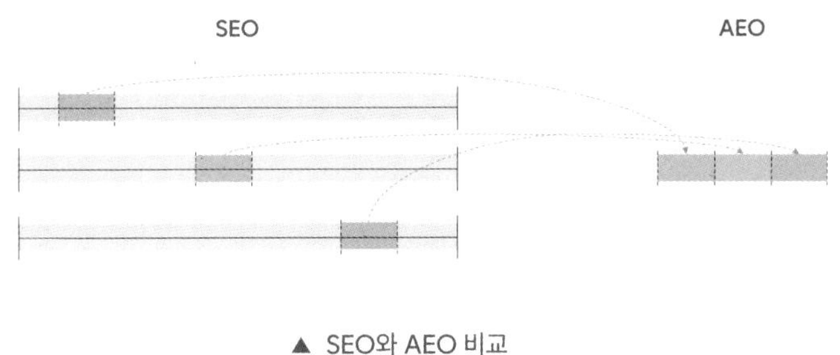

▲ SEO와 AEO 비교

일반적인 정보 검색은 유저가 키워드를 검색창에 입력했을 때 그 키워드를 문서 인덱스에서 검색하고, 해당 키워드가 포함된 콘텐츠에 순위를 매겨 필터링합니다. 그리고 그 순위에 따라 적합한 결과를 나열하는 방식이죠.

그런데 AEO는 전통적인 검색엔진의 정보 검색과 LLM을 결합한 형태로 작동합니다. 유저가 입력한 키워드를 글자 그대로만 검색하는 것이 아니라 그 키워드를 왜 검색한 것일지 의도와 맥락을 먼저 파악합니다. 그리고 관련성, 신뢰성, 권위성 등 지표를 바탕으로 의도에 맞는 콘텐츠 후보군을 수집하죠. 수집한 후보군 중 적합한 문단 혹은 문장을 추출해 유저가 이해하기 쉬운 형태로 조립해야만 비로소 최종 결과물이 완성됩니다.

여기서 주목할 것은 답변이 하나의 콘텐츠 전체를 가져오는 것이 아니라, 여러 콘텐츠의 조각들을 조합하는 형태로 만들어진다는 점인데요. 그렇기 때문에 AEO 전략의 핵심은 원자화atomic입니다. 쉽게 말하면 일부분만 떼어 내도 의미가 통하도록 문장이나 문단 등 조각 단위만 봐도 맥락을 파악할 수 있는 콘텐츠를 만들어야 한다는 것인데요.

유튜브 쇼츠에서 쉽게 볼 수 있는 하이라이트 콘텐츠를 생각해 볼까요? 긴 드라마나 예능, 스포츠 중계 등에서 가장 재미있는 30초만 뽑아 숏폼으로 재가공할 때 아무 장면이나 선택하지 않습니다. 30초 안에도 기승전결이 살아 있어 보는 맛이 있는 부분, 말 그대로 '하이라이트' 장면을 활용하죠. 마찬가지로 긴 글도 한 문단 안에 원인·근거·결론이 모두 들어 있어야 AI가 맥락을 이해하고 결과 생성에 활용하기 용이해집니다.

포털 시대의 검색 환경은 SEO를 기반으로 퍼포먼스 광고 시장을 열었고, 소셜 미디어 시대의 알고리즘은 챌린지·밈 같은 새로운 광고 형식을 만들어 냈습니다. 앞으로는 어떤 비즈니스 모델이나 광고 모델이 가능해질까요?

SEO는 유저가 검색창에 입력한 키워드를 기준으로 특정 브랜드나 콘텐츠가 검색 결과 상단에 노출되도록 하는 전략이었습니다. 쉽게 말하자면 네이버에서 '강남구 맛집'을 검색했을 때 우리 식당이 검색 결과 페이지의 맨 위에 오도록 하는 작업이 SEO라고 할 수 있습니다. 이때 눈에 잘 띄는 영역을 광고 구좌로 판매하는 것이 포털의 비즈니스 모델이었고요.

그런데 소비자들이 이제 포털에 키워드를 검색한 후 검색 결과 페이지의 모든 콘텐츠를 직접 살펴보는 것이 아니라, 생성형 AI와 질문과 대답을 주고받는 과정에서 정보를 얻습니다. 그래서 검색 기반 광고 시장에서 SEO의 뒤를 이을 것으로 언급되는 개념이 AEO입니다.

생성형 AI는 포털처럼 여러 페이지의 링크를 나열해 노출하지 않고 각각의 페이지에서 적합한 부분을 학습해 하나의 대답을 도출하죠. AEO는 이때 생성형 AI가 학습하고 인용하는 내용에 자신의 콘텐츠가 포함되도록 최적화하는 전략으로, 브랜드와 소비자를 연결하는 새로운 거래 구조를 만들 잠재력이 있습니다. 유저가 질문하는 순간, 탐색 과정을 건너뛰고 곧바로 브랜드 제품이나 서비스를 답으로 제시할 수 있기 때문입니다. 이는 기존의 검색 광고보다 훨씬 깊이 있는 맥락 기반 광고Contextual Ads의 시대를 열 수 있습니다.

예컨대 "오늘 저녁 뭐 먹을까?"라는 질문에 특정 브랜드의 레스토랑 예약이나 배달 서비스가 바로 답으로 제시된다면, 광고는 페이지를 채우는 수많은 배너 중 하나가 아니라 해결책 자체가 됩니다. 더 나아가 브랜드는 AEO를 통해 소비자의 생활 순간마다 개입하며, 더 긴밀한 관계를 맺는 생활 파트너로 자리매김할 수 있죠.

결국 AEO는 SEO가 퍼포먼스 광고 시장을, 알고리즘이 챌린지·밈 문화를 만들어 냈던 것처럼, 답변형 광고라는 새로운 광고 카테고리를 열 가능성이 큽니다. 실제로 마이크로소프트는 2024년 10월 자사 AI 챗봇인 코파일럿Copilot 광고가 기존 검색 광고에 비해 클릭률은 69%, 전환율은 76% 더 높다고 밝힌 바 있는데요.

전통적인 검색 광고가 마지막으로 입력한 키워드를 중심으로 한다면, AI 기반의 답변형 광고는 대화 전체의 맥락을 분석해 유저 니즈와 광고를 더 긴밀하게 연결하죠. 이는 브랜드에게 단순 클릭·조회수 이상의 즉시성·맥락성·관계성 기반의 수익 모델을 제공할 수 있을 것입니다.

실제로 소비자들이 생성형 AI의 답변에 익숙해지면서 특정 링크를 클릭해 보지 않고 페이지를 이탈하는 제로 클릭 Zero Click **검색이 늘어나고 있죠. 이로 인해 기존의 광고 핵심 지표였던 클릭 수나 전환율 등의 중요도는 낮아질 것이라는 전망이 있는데, 유저가 직접 광고를 클릭하지 않는 시대에 맥락 기반 광고는 어떤 의미를 가질까요?**

맥락 기반 광고는 그저 보여주는 방식의 변화를 넘어 보다 쾌적한 경험을 제공하기 위한 방향으로 진화하고 있다는 점에서 의미가 있습니다. 과거의 광고가 보이기 위한 경쟁이었다면, 이제는 보이지 않아도 되는 것들을 걸러 내고 불필요한 노출을 줄이는 경쟁으로 바뀌고 있는 거죠. 클릭조차 번거로운 동작이 되어버린 만큼 무의미한 스크롤을 1초라도 줄여야 하는 겁니다.

소비자의 소비 방식은 크게 두 가지로 구분할 수 있는데요. 첫째는 목적형objective으로, 목적이 뚜렷할 때 이루어지는 소비 패턴입니다. 특정 제품이나 서비스에 대한 니즈를 명확히 가지고 있는 소비자가 탐색 과정을 통해 자신이 원했던 것을 발견하고 구매하는 경우죠.

이 경우에는 AI가 소비자의 니즈를 정확히 파악해 최적의 선택지를 제시함으로써 여러 사이트를 헤매지 않아도 되는 효율을 제공합니다. 검색 최적화 전략을 통해 소비자의 니즈에 가장 근접한 브랜드를 노출했을 때 높은 전환 효과를 기대할 수 있겠죠. 탐색 과정이 훨씬 단축되니 소비자가 얻는 만족도도 높을 테고요.

둘째는 발견형discovery입니다. 특별히 목적을 정하지 않고 무의식적으로, 혹은 습관적으로 콘텐츠를 소비하다가 제품이나 서비스를 발견했을 때 흥미를 느껴 구매까지 이어지는 유형입니다.

이 경우 무無에서 새로운 니즈를 창조할 수는 없지만, 소비자가 처한 상황이나 맥락을 기반으로 잠재 수요를 파악하는 광고 기술은 발견의 효율을 높여줄 수 있습니다. 자신의 취향이나 상황과 전혀 관련이 없는 것을 걸러내는 것만으로도 탐색 과정에서의 비효율을 줄일 수 있으니까요. 이런 관점에서 봤을 때는 소비자가 원하지 않는 것을 걸러내는 기술도 맥락 기반 광고의 고도화로 이어질 수 있겠죠.

그 사례로 중고 거래 플랫폼 당근은 상품 추천을 더 정교하게 하기 위해 '보기 싫은 게시물 숨기기' 기능을 도입하기도 했습니다. 특정 게시물만 가려주는 수준을 넘어 비슷한 카테고리 상품도 노출되지 않도록 머신러닝을 고도화한 것인데, 실제로 이처럼 많은 플랫폼이 유저에게 더 효율적이고 쾌적한 경험을 제공하기 위해 노력하고 있죠.

결국 명료한 목적이나 의도를 가진 소비자와 그렇지 않은 소

비자 모두에게 브랜드가 발견되고 기억되기 위해 과거의 광고와는 다른 새로운 접근법이 필요하겠네요. 생성형 AI의 답변 속에서도 살아남는 브랜드가 되려면 무엇을 고민해야 할까요?

유저가 직접 광고를 보러 오지 않는 시대에 어떻게 그들의 맥락 속에 스며들 것인지를 고민해야겠죠. 노출 중심의 광고가 아니라, 유저의 대화 흐름이나 생활 리듬, 혹은 점점 더 개인화되는 니즈 속에서 자연스럽게 결합되는 경험형 메시지가 요구됩니다.

다시 말하면 소비자의 일상에 더 자연스럽게 스며들 방법을 고민해야 할 겁니다. 기존의 광고 이론이나 법칙을 그대로 적용할 수 없는 새로운 질서란 어떻게 보면 위기일 수도 있습니다. 하지만 또 다른 시각에서 보면 소비자와 더 밀접한 관계를 맺고 생활, 나아가 습관의 일부로 자리 잡을 기회이기도 합니다.

현재까지는 AI가 소프트웨어 중심으로 상용화되었는데요. 이제는 현실 세계에서 실제 사람과 상호작용을 하며 AI를 활용할 수 있도록 하는 하드웨어, 즉 피지컬 AI가 기술 발전의 핵심 과제로 거론되는 것도 주목할 만한 움직임입니다. AI를 활용하는 분야나 빈도가 늘어날수록 그것을 담아낼 새로운 하드웨어의 필요성도 커집니다. 현재 스마트폰이라는 단일 기기에 집중된 기능들이 또 다른 AI 네이티브 디바이스로 이전될 가능성도 높죠.

예컨대 지금까지는 앱이나 웹에 접속해야만 정보를 접할 수 있었다면 앞으로는 걷는 중에도, 운전 중에도, 대화하는 도중에도 언제나 새로운 정보를 얻게 될 겁니다. 이렇게 자연스럽게 일상에서의 터치포인트가 늘어나는 등 소비자가 정보를 접하는 방식이 달라질 때, 브랜드 역시 변화의 방향을 읽고 자신만의 접점을 어떻게 만들어 갈지를 고민해야 합니다.

Question

AI 네이티브 디바이스의 등장은 무엇을 바꿀까?

하드웨어의 변화는 일상과 경험의 패턴을
근본부터 바꿔 놓습니다.
새로운 기기가 만드는 소비 흐름이
어떤 방향으로 확장될지 관심이 쏠립니다.

애플Apple은 2007년 1세대 아이폰과 함께 자체 운영 체제 'iOS'를 공개했습니다. 이후 2011년에는 자연어를 인식해 간단한 명령을 수행할 수 있는 어시스턴트 '시리Siri'를 선보였는데요.

시리가 처음 공개되었을 때만 해도 유저의 말을 AI가 인식 및 분석하고 특정 동작을 수행한다는 것이 큰 혁신이었습니다. 하지만 오늘날에는 명령 이행을 넘어 문장이나 이미지 생성처럼 더 복잡한 일까지 수행할 수 있게 되었죠. 그래서 업계에서는 시리가 업그레이드되어야만 애플이 AI 분야에서 유의미한 성과를 거둘 수 있을 것이라는 목소리가 나오고 있고요. 물론 애플은 2024년 10월 자체 AI '애플 인텔리전스Apple Intelligence'를 공개하고, 이후 AI 기능을 개선한 '차세대 시리'를 비롯한 기술 혁신을 선보이고

자 노력하고 있습니다.

한편, 삼성은 2024년 1월에 자체 AI '갤럭시 AIGalaxy AI'를 선보였습니다. 그중에서도 특히 주목받은 점은 인터넷 없어도 기기 자체에 탑재해 사용할 수 있는 온디바이스 AI를 세계 최초로 구현해 냈다는 것이었습니다. 실시간 통역 기능을 비롯해, 검색하고자 하는 영역을 원형으로 표시하면 바로 해당 정보를 찾아주는 '서클 투 서치' 등 다양한 기능을 기기에서 바로 처리할 수 있도록 했죠.

스마트폰이 우리의 생활 방식을 바꿔 놓은 것처럼, 완전히 새로운 혁신을 불러올 '다음 기기'에 관심이 모이고 있습니다. 앞으로 사람들의 손에 쥐어질 새로운 기기는 무엇일까요?

IT 업계에서는 스마트 글래스가 '넥스트 스마트폰'이 될지도 모른다는 가능성을 점치고 있는데요. 현재 단계에서 스마트 글래스는 AI 시대 이전부터 많은 IT 기업이 시도해왔던 안경형 웨어러블 디바이스의 연장선에서 개발되고 있는 것처럼 보입니다.

안경형 웨어러블 디바이스의 역사는 약 10년 전으로 거슬러 올라갑니다. 등장 초기에만 해도 시장의 반응은 지금과 사뭇 달랐는데요. 2014년 비즈니스 인사이더Business Insider가 선정한 '올해 기술 업계에서 가장 크게 실패한 사례들The Biggest Flops In Tech This Year' 15개 중 하나로 구글의 ARAugmented Reality, 증강현실 기능 탑재 웨어러블 기기인 '구글 글래스Google Glass'가 선정되었을 정도였죠.

업계에서는 그 요인으로 상업성 부족을 꼽았습니다. 가격에 비해 활용이 제한적이고, 카메라 기능으로 인해 사생활 침해 논란으로부터 자유롭지 않다는 점도 부정적 인식을 더했고요.

▲ 갤럭시 XR 제품 이미지

그로부터 약 10년이 지난 2025년 5월, 구글은 연례 개발자 컨퍼런스인 '구글I/O 2025'에서 삼성전자와의 협력으로 제작 중이던 XRExtended Reality, 확장현실 글래스를 선보였습니다. 당시 '프로젝트 무한Project Moohan'이라는 코드명으로 공개된 기기는 프로토타입 단계인 제품이었지만, 유저가 보는 시야를 그대로 제미나이와 공유해 실시간으로 정보 검색 등을 수행할 수 있다는 점에서 과거의 웨어러블 기기보다 훨씬 유용해질 것이라는 기대를 모았죠.

그리고 같은 해 10월에는 삼성전자가 해당 제품을 '갤럭시 XR^{Galaxy XR}'이라는 이름으로 출시했습니다. 갤럭시 XR은 음성 명령 인식을 넘어 시선과 제스처까지 동시에 이해하는 멀티모달 AI 최적화 기기입니다. 제미나이가 실시간으로 유저가 보고 듣는 것을 함께 공유하며 맥락 기반의 지원이 가능하죠. 글자 그대로 에이전트^{agent}처럼 우리 일상에서 밀접하게 함께할 수 있는 기기로써 실용성이 점점 높아지고 있는 겁니다.

이처럼 혁신의 본질은 새로운 기기 그 자체가 아니라, 기기를 작동하게 만드는 기반 기술의 전환에 있습니다. 마찬가지로 AI로 인해 '넥스트 스마트폰'이 등장하려면 그만한 기술이 뒷받침되어야겠죠. 피처폰으로 불렸던 모바일 디바이스에 iOS와 앱스토어가 더해져 스마트폰이라는 혁신이 탄생했던 것처럼요.

그렇다면 AI 기술을 근간으로 하는 다음 세대의 디바이스, 'AI 네이티브 디바이스'는 어떤 방식으로 시장을 바꿔 놓을까요?

아직은 디바이스 시장에 유의미한 변화를 불러올 만큼 강력한 AI 네이티브 디바이스가 등장하지 않은 것으로 보입니다. 스마트폰에 AI를 탑재하는 것처럼 기존에 존재하던 디바이스에 AI 기술을 접목하는 경우는 많지만, 스마트폰이 그랬던 것처럼 디바이스 생태계나 유저의 생활 방식을 근본적으로 바꾼 기기의 예시는 떠오르지 않죠.

앞서 언급한 스마트 글래스가 AI 네이티브 디바이스를 이야기할 때 가장 먼저 언급되는 이유는 실제 유저들의 생활에 밀접하기 때문입니다. 구태여 스마트폰을 가지고 다니지 않아도 통화, 사진 촬영, 검색 등 기존 스마트폰의 기능을 모두 수행할 수 있는 기기로 발전할 수 있다는 것인데요.

안경 형태의 디바이스이기 때문에 패션 시장과의 교집합에도 주목할 만합니다. 말하자면 IT 영역 밖의, 기술이 아니라 오히려 '감성'이 있는 산업군과의 융합이 생긴다는 관점에서의 시사점입니다. 소비자들이 매일 몸에 지니고 다니는 디바이스에 생기는 변화인 만큼 겉으로 드러나는 디자인도 굉장히 중요한 요소이기 때문이죠.

구글은 2025년 6월, 안경 브랜드 젠틀몬스터에 1,450억 원을 투자했습니다. 여기에서는 기술과 감성을 결합한 새로운 라이프스타일 시장 공략이라는 전략적 의미를 엿볼 수 있습니다. 스마트폰처럼 유저가 1년 365일 동안 매일 당연하게 사용하는 제품이 되기 위해 패션 측면에서 매력도를 높이려는 시도라고 볼 수 있고요.

한편, 메타는 선글라스 브랜드인 레이밴Ray-Ban과의 협업으로 스마트 글래스 '레이밴 메타Ray-Ban Meta'를 만들고 있습니다. 2023년 출시된 레이밴 메타는 카메라와 AI 어시스턴트를 결합한 형태로, 메타의 자체 AI인 '메타 AIMeta AI'가 탑재되었습니다.

여기에서 나아가 2025년 9월에는 내장형 디스플레이를 탑재한 '레이밴 디스플레이Ray-Ban Display'를 공개하기도 했습니다. 디스플레이를 더 자유자재로 활용할 수 있도록 스마트 글래스를 작동하는 팔찌 형태의 '메타 뉴럴 밴드Meta Neural Band'까지 함께 선보였죠.

이처럼 AI를 탑재한 신진 디바이스들은 기술적 완성도만이 아니라 유저의 감성까지 파고들어 자연스러운 연결점을 구현하는 방향으로 발전하고 있는데요. 한 단계 나아가 최근 활발하게 거론되는 피지컬 AI도 함께 주목해 볼 만합니다. 웨어러블에 국한되지 않고 로봇, 자율 주행 자동차 등 더 넓은 시야로 AI 네이티브 디바이스를 바라보는 것인데요.

대표적으로는 테슬라의 휴머노이드 로봇인 옵티머스Optimus가 있습니다. 단적으로 누구나 공감할 수 있을 만한 예시를 들자면, 퇴근하고 집에 돌아왔을 때 청소나 빨래 등 가사를 로봇이 모두 해주는 미래를 상상해 볼 수도 있죠. 마치 SF 같은 이야기가 실현된다면 그건 의심할 여지 없이 시대의 패러다임 자체를 바꾸는 혁신일 겁니다.

테슬라를 비롯한 일론 머스크의 기업들은 자동차, 우주, 온라

인 플랫폼처럼 서로 다른 산업을 묶어내며 기기와 서비스의 융합이 얼마나 큰 확장성을 가질 수 있는지 보여주고 있기도 하죠. 어쩌면 우리가 맞이할 다음 시대는, 이런 흐름 속에서 하드웨어와 서비스가 결합하는 대융합의 국면일지도 모르겠습니다.

일론 머스크는 전기차로 잘 알려진 테슬라를 비롯해 항공 우주 기업 스페이스XSpaceX, AI 기업 xAI 등을 이끌고 있는데요. 테슬라는 전기차 외에도 휴머노이드 로봇을 개발하는가 하면, AI가 소셜 미디어 X를 인수하는 등 다양한 분야를 넘나들며 사업 영역을 넓히고 있죠.

이런 행보는 단순히 개별 산업의 경계를 흐리는 것을 넘어, 하드웨어부터 소프트웨어, 그리고 플랫폼까지 하나의 생태계로 엮는 방향으로 진화하고 있음을 시사합니다. 예컨대 테슬라가 보유한 오프라인 주행 데이터와 X가 쌓아온 온라인 행동 데이터를 AI가 통합 학습한다면 물리적 경험과 디지털 경험이 하나의 서비스로 융합되겠죠.

조금 더 구체적인 사례를 생각해 볼까요. 자율 주행 차를 타고 가던 중 대화형 AI 비서 그록Grok이 필요한 생필품 구매를 제안하고 실제로 결제까지 수행하는 구조를 생각해 볼 수 있죠.

기기와 서비스가 결합하면 자동차는 단순한 이동 수단이 아니라 개인화된 미디어 플랫폼으로 확장됩니다. 만약 여기에 스페이스X의 위성 네트워크까지 연결된다면 어떨까요? 오프라인 이동과 온라인 접속, 콘텐츠 소비와 금융 거래가 끊김이 없는 하나의 유저 여정으로 이어질 겁니다.

출근길 차량에서 AI가 위성 연결을 통해 회사 메일을 읽어주고 바로 음성으로 회의 일정을 잡아줄 수도 있고요. 장거리 주행 중 실시간 교통 상황을 분석해 경유지로 들를 카페를 추천해 주고, 드라이브 스루로 바로 받아 갈 수 있도록 결제까지 처리할 수도 있죠. 아직은 SF처럼 상상에 불과한 내용일 수도 있지만 머지않은 미래에 실현될 가능성이 높다고 기대하고 있습니다.

AI 기술의 변화도
따라가야 합니다.
하지만 그 변화가 사람의
선택, 이해, 감정의 흐름을
어떻게 바꾸는지까지
고민하지 않으면 기술은 남아도
경험은 남지 않습니다.
이제 주목해야 할 것은
더 똑똑한 AI가 아니라
AI가 만들어 낼 새로운 경험의
설계입니다.

Chapter

3

콘텐츠와 광고

본질을 묻다

Question

트렌드는 어떻게 시작되고 왜 살아남을까?

트렌드는 점점 더 빠르게 오고 가지만,
그중에서도 오래 살아남는 트렌드가 있습니다.
사람들의 마음을 움직이는
트렌드의 본질이 무엇인지 짚어봅니다.

AI가 만들어 내는 콘텐츠 중 일부는 순식간에 잊히지만, 어떤 것들은 밈으로 살아남습니다. 트렌드를 가르는 기준은 무엇일까요?

2025년, 챗GPT로 생성한 '지브리 프사'가 소셜 미디어를 통해 폭발적으로 확산한 사례는 이 질문에 흥미로운 힌트가 됩니다. 이를 단순히 'AI가 이런 것도 할 수 있구나'라는 신기함에서 비롯된 현상으로만 설명하기는 어렵습니다. 그 이면에는 소비자들이 오래전부터 가지고 있던 자기표현 욕구가 자리하고 있죠.

스튜디오 지브리 스타일로 이미지를 변환하는 기능이 획기적인 반응을 얻은 이유는 시각적 요소 이상의 사회적 맥락이 작용했기 때문입니다. 스튜디오 지브리의 애니메이션은 오랜 세월에 걸쳐 세대를 초월한 감동과 향수를 제공해 왔습니다. 어린 시절부터 접해온 장면과 캐릭터, 감성적인 서사는 대중들에게 보편적인 공감대를 형성하고 있었습니다.

그래서 특정 사진을 스튜디오 지브리의 애니메이션 속 한 장면처럼 바꾸는 과정은 신기한 기술을 체험하는 것 이상의 가치를 지닙니다. 유저가 자신의 정체성을 친숙한 문화적 코드로 표현하고, 이 이미지를 자신을 표현하는 프로필 사진으로 게시하는 것은 기술이 개인의 취향을 드러내는 수단이자, 유저 간 공감의 매개로 작동한 것이라고 볼 수 있습니다.

한마디로 새로운 기술에 대한 신기함과 대중적으로 축적된 문화적 호감도가 결합하며 폭발적인 인기를 만들어 낸 것이죠.

그러고 보면 '지브리 프사' 열풍 외에도 '이미지를 다른 화풍으로 변환한다'라는 아이디어는 지속적으로 인기를 얻고 있는 듯한데요. 이런 트렌드의 연속성은 어떻게 설명할 수 있을까요?

시간이 흐르면서 지브리풍의 열기는 다소 수그러들었지만, 이 현상이 일회성으로 끝났다고 볼 수만은 없죠. 사진을 도트 이미지로 변환해 내 사진을 픽셀 아바타로 만드는 것처럼 특정 화풍이나 형식을 입히는 시도는 여전히 꾸준히 이어지고 있으니까요.

이런 흐름은 지브리풍 이미지 생성이 단순히 유행을 넘어, AI가 개인의 정체성을 표현하는 도구로 자리 잡았음을 보여줍니다.

▲ 챗GPT로 생성한 픽셀 아바타 이미지

생각해 보면 픽셀 아바타도 싸이월드 미니미처럼 과거에 소비자들이 즐겨왔던 자기표현 방식입니다. 유저들이 스튜디오 지브리 애니메이션에 대한 추억으로 그 화풍에도 정서적 공감대를 가지고 있는 것처럼, 과거 싸이월드에서 직접 미니미를 꾸몄던 경험의 공감대가 픽셀 아바타까지 이어진 것이라고 볼 수 있죠.

사실 싸이월드 미니미도 과거 대국민 차원의 유행을 불러왔던 자기표현 방식이라는 점을 고려하면, 앞서 언급한 사례들은 기존재하던 자기표현 방식이 AI를 통해 새로운 방식으로 재등장한 것이라고도 할 수 있겠습니다. 결국 새로운 기술은 초기에 그 자체로 관심을 끌 수 있지만, 지속적인 트렌드가 되기 위해서는 그것이 어떤 정서적·문화적 의미와 연결되는지가 중요합니다.

공감대만큼 중요한 트렌드의 핵심으로는 '재생산'을 꼽을 수 있을 것 같습니다. 대표적으로 숏폼 챌린지, 즉 특정한 춤이나 상황극 등 동일한 포맷의 콘텐츠를 유저들이 재생산하는 방식이 있는데요. 누구나 쉽게 따라할 수 있는 특성 때문에 지금도 많은 사람에게 사랑받고 있죠. AI 기반의 트렌드에서도 재생산은 여전히 중요한 요소일까요?

오늘날 트렌드가 유지되는 힘은 집단적 소속감에서 개인적 정체성 구축으로 옮겨가고 있습니다. 과거에는 모두가 같은 포맷을 반복하는 데서 유행이 만들어졌다면 이제는 각자의 고유한 결과물이 모여 하나의 포맷을 형성합니다.

숏폼 챌린지의 핵심 가치는 유사한 관심사나 취향을 가진 집단과 동일한 놀이를 공유한다는 소속감입니다. 그래서 히트곡의 안무처럼 특정 포맷이 정해진 상태에서 수많은 사람이 그것을 똑같이 따라 하고, 함께 즐기고 싶다는 마음이 확산의 동력이 되죠.

AI 기반의 트렌드도 공통 포맷을 개인이 재생산한다는 측면은 유사합니다. 하지만 참여의 목적이 달라졌죠. 지브리풍이나 픽셀 아바타처럼 동일한 화풍을 요청하더라도 적용되는 사진이나 맥락, 심지어 입력한 문장 하나에 따라 결과물은 전혀 다르게 나타납니다. AI가 공유된 형식을 통해 오히려 개성을 드러내는 장치가 된 것이죠.

이러한 변화는 AI 시대의 재생산이 단순한 반복이 아니라, 집단적 경험과 개인적 표현이 교차하는 새로운 방식으로 이어지고 있음을 보여줍니다. 하나의 트렌드를 공유하더라도 그 안에서 만들어지는 결과물은 수천 개의 다른 서사로 분화되고, 그것이 다시 다음 유행의 원재료가 되는 순환이 이루어질 수도 있고요.

그렇다면 AI 기반 트렌드는 어떤 요소들이 맞물리며 확산을 만들어내고, 대중의 공감을 이끌어내는 걸까요?

확산의 핵심은 전에 없던 참신한 형식을 만들어 내는 것이 아니라, 익숙한 포맷에 시대적 감수성을 어떻게 새겨 넣느냐에 더 가깝습니다. 결국 AI 시대의 바이럴 또한 앞서 언급한 트렌드 형성 원리, 즉 재생산과 비슷한 맥락으로 이어지는 것인데요.

대표적인 예가 영어 교육 기업 야나두의 AI 숏폼 광고입니다. 많은 영어 교육 기업들은 오래전부터 카페에서 주문하는 상황, 가게에서 화장실이 어디에 있는지 묻는 상황 등 사람들이 일상 속에서 흔히 사용할 법한 영어 표현을 알려주는 콘텐츠를 제작해 왔습니다. 이때 야나두는 대부분의 브랜드라면 감추려 했을 AI의 어색함을 정면에 내세운 콘텐츠로 입소문을 탔죠.

생성형 AI로 인물들이 일상적인 대화를 나누는 모습을 제작했는데, AI 특유의 딱딱한 말투나 불완전한 움직임을 하나의 재미 포인트로 만든 겁니다. 그리고 현실에서는 쉽게 접하기 어려운 조합, 예컨대 한국인 할머니와 젊은 흑인 남성이 대화하는 모습을 담아 'AI만이 할 수 있는'차별성까지 확보했습니다. 이러한 요소들이 오히려 재미와 공유의 동력이 되어 결국 밈meme화되면서 더 큰 주목을 끌었고요. 유튜브에 게시한 콘텐츠가 공개한 지 5주 만에 약 8천만 뷰를 기록했을 정도입니다.

말하자면 많은 기업이 AI를 'AI 티가 나지 않게' 사용하려고 노력하는 반면, 야나두는 'AI 티가 나는' 영상으로 성공을 거뒀습니다. 야나두는 한 인터뷰에서 이 콘텐츠를 가능하게 한 것이 구글의 '비오 3Veo 3'라고 언급한 바 있습니다. 이전에는 프롬프트만으로 영상과 음성을 동시에 출력하는 기술이 없어 음성과 영상을 따로 제작해 싱크를 맞추는 데 어려움이 존재했으나, 비오 3를 활용해 한계를 극복할 수 있게 되었다는 겁니다.

즉, 새로운 기술을 빠르게 도입하는 것은 남들보다 앞선 변화를 가능하게 하지만, 그것만으로는 대중의 공감을 얻기 어렵습니다. 반대로 훌륭한 메시지를 가지고 있어도 기술의 진보를 반영하지 못한다면 설득력을 잃게 되죠. 결국 AI 시대에 이목을 끄는 콘텐츠는 기술을 얼마나 빠르게 받아들이느냐와 그 기술로 얼마나 깊이 있는 이야기를 만들어 내느냐에 달려있습니다.

Question

쉬워진 창작, 왜 대중의 마음을 얻기는 더 어려울까?

과학 크리에이터 궤도, '2025 부산국제마케팅광고제' 중

초기 주목도가 사라지고 나면
메시지의 의도와 밀도는 더 큰 힘을 드러냅니다.
결국 어떤 메시지가 사람들에게
울림을 주는지 고민이 이어집니다.

AI로 만든 콘텐츠는 신기함만으로도 큰 주목을 받았습니다. 하지만 지금은 단순히 'AI를 썼다'라는 이유만으로 성공하기 어려운 것 같아 보입니다.

생성형 AI 상용화 초기였던 2023년, 카메라 앱 스노우의 AI 프로필 서비스가 큰 화제를 모았습니다. 유저가 직접 찍은 사진을 입력하면 마치 스튜디오에서 촬영한 듯한 퀄리티의 프로필 사진을 생성해주는 서비스였죠.

AI 프로필 서비스는 유료임에도 불구하고 출시 한 달 만에 이용 건수 150만 건을 돌파할 만큼 폭발적인 반응을 얻었습니다. 단순히 기존 이미지를 업로드하는 것만으로도 새로운 결과물을, 그것도 고품질로 얻을 수 있다는 점이 이용자들에게는 신선한 혁신으로 다가왔던 것입니다.

이처럼 새로운 기술은 언제나 초반에는 그 자체로 화제가 됩니다. 하지만 시간이 지나면 기술은 일상에 스며들고 차별성이 사라집니다. 사진이 처음 등장했을 때만 해도 셔터를 한 번 누르면 현실의 모습을 그대로 종이로 옮겨올 수 있다는 것이 굉장히 큰 충격이었지만 오늘날엔 당연해진 것처럼 말이죠.

AI도 이제는 사용 여부만으로 차별성을 확보할 수 있는 단계를 지나 '어떻게 쓰이는가?'가 더 중요해졌습니다. 최근 성공한 AI 콘텐츠는 새로운 질문을 던지고 상상력을 자극한다는 특징이 있습니다. 즉, 기술의 새로움보다는 기술을 통해 전달하고자 하는 주제 의식과 같은 메시지가 사람들을 움직이는 것인데요.

▲ 빙그레 공식 유튜브 채널

빙그레가 광복 79주년 맞이 캠페인으로 선보인 〈처음 입는 광복〉은 이러한 맥락에서 소비자들에게 큰 호응을 얻었습니다. 해당 캠페인 영상에서는 옥중에서 순국한 독립운동가 87명의 모습을 생성형 AI 기술로 복원해 냈는데요. 당시 마지막으로 남은 수형 사진 속 독립운동가들의 모습은 죄수복 차림이었는데, 그 이미지를 활용해 화사한 한복 차림으로 광복을 맞이한 순간의 모습을 구현한 겁니다.

소비자들은 이런 복원이 생성형 AI 기술이 있었기에 가능한 작업이었고, 오늘날의 기술이 과거 역사의 의의를 이어간다는 점에 공감했습니다. 전에 없던 새로운 기술인 만큼 광복의 의미가 더 인상 깊게 다가올 수 있었던 것이죠.

반대로 소비자들의 비판을 받는 콘텐츠도 있습니다. 왜 같은 활용이었는데 실패로 평가되었을까요?

대표적으로 코카콜라는 2024년에 이어 2025년에도 연말 캠페인 영상을 AI로 제작하며 두 해 연속 논란을 불러왔습니다. 2024년 코카콜라가 공개한 〈Holidays Are Coming〉은 1995년 광고 영상을 리메이크한 것이었는데, 소비자들은 영상의 완성도보다 예산 절감을 위한 기술 활용이라는 의도를 먼저 읽어냈습니다. 그리고 브랜드 메시지와 AI의 활용이 전혀 연결되지 않았다고 느꼈죠.

다음해인 2025년에도 코카콜라는 마찬가지로 AI를 활용한 리메이크 영상 〈Holidays Are Coming〉의 신규 버전을 공개했습니다. 기술적으로는 훨씬 매끄러워졌지만 소비자들의 반응은 여전히 냉담했습니다. 특히 코카콜라가 연말 시즌마다 쌓아온 이미지, 예컨대 향수를 자극하는 감성이나 따스한 분위기가 AI 활용으로 인해 점점 사라지고 있다는 비판이 이어졌습니다.

2025년에는 의류 브랜드 게스가 패션 잡지 보그에 게재한 여름 캠페인 광고 속 인물이 AI로 생성된 모델이라는 사실이 밝혀져 논란을 빚었는데요. 패션 업계는 최근 광고를 통해 다양성과 포용성이라는 사회적 메시지를 전해왔습니다. 다양한 체형과 피부색을 가진 모델, 그리고 플러스 사이즈 모델이나 트랜스젠더 모델이 글로벌 캠페인에 등장하고 런웨이에 올랐죠. 이는 상업적 전략을 넘어 소비자에게 진정성 있는 변화로 받아들여져 왔습니다.

그러나 보그의 AI 모델은 이러한 흐름을 정면으로 거스른다는 비판을 받았습니다. 광고 속 모델은 흔히 말하는 슈퍼모델처럼 눈에 띄게 완벽한 외모를 지녔는데, AI로 생성되었음을 기재하기는 했지만 일반 소비자들이 이를 인지하기 어렵다는 점 또한 신뢰도를 저해한다는 것이었죠.

결국 이러한 논란은 광고가 소비자, 나아가 사회와 관계를 맺는 매개체라는 점을 되돌아보게 합니다. 브랜드 광고가 소비자와 신뢰를 쌓을 수 있게 하는 요인은 광고에서 보이는 화려하고 멋진 이미지가 아니라 그 안에 담긴 메시지와 진정성입니다. 그런데 AI 활용이 메시지와의 맥락적 연결 없이 기술을 부각하는 데 그

친다면 오히려 신뢰를 해칠 수도 있는 겁니다.

AI 콘텐츠의 신뢰성을 논할 때 빠지지 않는 것이 '할루시네이션Hallucination', 즉 생성형 AI가 만들어 낸 결과물에 오류나 왜곡이 나타나는 현상인데요. 콘텐츠를 제작할 때 이런 현상을 어떻게 이해하고 접근해야 할까요?

할루시네이션은 흔히 정확하지 않은 답변이나 잘못된 이미지로 나타납니다. 현실에 존재하지 않는 장소를 언급하거나, 손가락이 6개인 사람 이미지를 만들어 내는 것처럼요. 콘텐츠에 이러한 문제가 발생했을 때는 콘텐츠뿐만 아니라 브랜드 신뢰도까지 훼손할 수 있는 만큼 반드시 주의해야 할 부분입니다.

하지만 이를 엉뚱하고 기발한 발상으로 활용할 수도 있습니다. 과학 크리에이터 궤도는 2025 부산국제마케팅광고제에서 "할루시네이션은 오류가 아니라 기능일 수 있다"라고 언급하기도 했는데요. 인간이 상상력을 통해 새로운 이야기를 만들어 내듯, AI도 기존 데이터를 조합해 낯선 결과를 내놓을 수 있기 때문입니다.

즉, 할루시네이션은 교정해야 할 결함일 수도 있지만, 새로운 서사와 창작의 가능성을 열어주는 예측 불가능성으로도 해석할 수 있습니다. 실제로 일부 크리에이터들은 AI의 어색하고 불완전한 결과물을 오히려 창작 아이디어의 원천으로 활용하기도 하죠.

그렇다면 완벽하게 현실을 대체하는 듯한 모습을 구현하는 것이 아니라,오히려 어딘가 어설프고 불완전한 듯한 속성을 활용하는 것이 전략이 될 수도 있겠네요.

마케팅에서는 항상 예상 밖의 반전과 낯섦이 화제를 만들어 왔어요. 완벽하게 다듬어진 결과물보다 오히려 살짝 어긋난 이미지나 예상치 못한 표현이 더 강한 인상을 남기고 밈이 되기도 하거든요.

AI의 어색함을 그대로 살린 캠페인들이 자연스럽게 공유되는 현상처럼, 브랜드가 할루시네이션을 단순한 리스크가 아닌 크리에이티브 실험의 소재로 바라본다면 흥미로운 결과를 얻을 수 있을 것 같아요. 물론 여기서 핵심은 '의도된 낯섦'을 어디까지 설계할지, 그리고 그 맥락을 소비자에게 어떻게 전달할지입니다.

완벽한 AI보다 살짝 삐뚤어진 AI가 더 인간적으로 느껴지고, 때로는 그 불완전함이 오히려 브랜드에 친근감을 주는 요소가 될 수 있다는 거죠.

Question

초개인화 타깃팅, 정교함이 항상 정답일까?

미리디 글로벌 마케팅팀 조지은

표적이 정교하고 좁아질수록
오히려 변수는 늘어나기 마련입니다.
효율과 유연함 사이에서 어떻게 균형을 잡을지
한 번 더 생각해 볼만합니다.

데이터 분석이 고도화되면서 타깃팅도 점점 더 정교하게 초개인화 되고 있다고들 말합니다. 소비자 개인의 미세한 행동 패턴까지 추적하고 분석할 수 있게 된 지금, 마케팅 실무자의 입장에서 체감하는 변화는 어떨까요?

소비자의 연령, 성별, 관심사부터 온라인 행동 패턴, 구매 이력까지 모든 것이 데이터화되는 시대입니다. 광고로 소비자와의 접점을 늘려야 하는 브랜드의 입장에서 소비자 데이터는 무엇보다도 강력한 자산입니다.

광고 효율을 높이는 기술적 토대로써 초개인화 타깃팅의 중요성은 이미 업계에서 지속적으로 언급되어 왔습니다. 실제로 구글과 메타와 같은 매체들은 이미 AI를 기반으로 개인의 행동을 실시간으로 이해하고, 광고 노출을 정교하게 최적화할 수 있는 기술을 매우 고도화된 수준으로 구현해나가고 있고요.

그런데 사실 수집되는 데이터의 양이 많아질 수록 마케터가 데이터를 직접 분석하는 것은 더 어려워질 수밖에 없습니다. 페이지 체류 시간, 링크 클릭 횟수 등 소비자의 행동이 잘게 쪼개지다 보니, 사람이 이를 완벽하게 인지하고 분석하는 것은 불가능에 가깝죠. 오늘날의 방대한 데이터는 사람이 인지할 수 있는 범위를 초월한 지 오래일 테고요.

그러다보니 마케터가 자신의 판단을 기반으로 타깃을 단 몇 개의 한정된 그룹으로 고정하는 것이 반드시 효과적이라고 할 수는 없습니다. 이 타깃팅이 과연 '최적'인지에 대한 판단이 불확실해지니까요.

예를 들어 운동화를 구매하는 기준을 생각해 볼까요? 디자인을 중시하는 20대 여성, 착화감을 중시하는 30대 남성, 기능성을 중시하는 40대 여성 등 연령과 성별, 혹은 직업 등에 따라 그 기준은 천차만별일 겁니다. 아마 이 책을 읽고 있는 독자들의 운동화 선택 기준만 나열해도 수십 가지는 되겠죠.

한마디로 요약해서 설명하자면 '너무 뾰족하면 부러지기 쉽다'라고 할 수 있습니다. 타깃 집단을 좁혀 그들을 집중적으로 공략하는 것은 효율적인 전략일 수는 있지만 유연성 측면에서 약점이 있죠. 타깃이 좁을수록 힘이 한 방향으로만 쏠려 변화에 대응할 여유가 사라지니까요.

퍼포먼스 마케팅 시장에서는 오래 전부터 자동화를 강조해 왔습니다. 프로그래매틱 광고나 실시간 입찰RTB, Real-Time Bidding **같은 기술들이 이미 상당한 수준의 자동화를 구현했는데요. AI 도입이 가져온 변화를 단순한 자동화의 연장선이 아니라 근본적인 구조적 전환이라고 할 수 있을까요?**

퍼포먼스 마케팅은 '사람이 규칙을 정하고 기계가 따르는 구조'에서 'AI가 스스로 학습하며 새로운 기회를 발굴하는 구조'로 진화하고 있습니다.

기존의 자동화는 마케터가 지정한 타깃을 대상으로 주어진 데이터를 활용해 광고를 노출하는 과정을 더 간소화하는 기술을 일컫는 말이었죠. 그런데 AI 시대의 자동화는 AI가 더 주도적으로 판단할 수 있도록 하는 방향으로 발전하고 있습니다. 이제 AI가 실시간으로 데이터를 해석하면서 예상치 못한 잠재 고객을 찾아내 주도적으로 캠페인을 설계하죠.

대표적으로는 메타의 '메타 어드밴티지 플러스Meta Advantage+'가 있습니다. 타깃부터 노출 위치까지 모두 AI가 실시간으로 최적화해주는 솔루션으로, 메타 외에도 다양한 플랫폼에서 이와 같은 자동화 솔루션을 계속해서 고도화하고 있습니다.

한 마디로 자동화의 패러다임이 바뀐 셈입니다. 기계가 정해진 일을 빠르게 처리하는 것을 넘어서, 인간이 미처 발견하지 못한 패턴과 기회까지 스스로 찾아내는 단계로 진입한 거죠.

그렇다면 지금 AI는 타깃팅 방식을 어떻게 바꾸고 있나요? 기존의 타깃 설정과 AI가 주도하는 타깃팅 사이에는 어떤 본질적 차이가 있을까요?

퍼포먼스 마케팅의 타깃팅 방식은 근본적인 변화를 겪고 있습니다. 앞서 언급했듯이 가장 두드러진 변화는 실시간 최적화 능력입니다. 과거에는 마케터가 캠페인 중간에 수동으로 타깃을 조정해야 했다면, 이제는 AI가 노출, 클릭, 전환 데이터를 실시간으로 분석해 즉각 반영하고 있어요.

두 번째 변화는 탐색 범위의 확장입니다. 단순히 설정된 타깃군에만 집중하는 것이 아니라, 알고리즘이 스스로 잠재 고객을 탐색하며 새로운 세그먼트를 발굴하고 있거든요. 즉, 마케터가 모든 타깃을 정의하기보다 AI에게 탐색의 자율성을 어느 정도 열어주는 전략이 성과의 핵심이 되고 있습니다.

AI에게 얼마만큼의 자율성을 허용하고, 인간은 어디까지 개입할지 균형 설정이 중요할 것 같습니다. 앞으로 퍼포먼스 마케터의 역할은 어떻게 변할까요?

결국 앞으로 퍼포먼스 마케터가 해야 할 일은 '어떤 고객을 공략할지'보다 '어떤 메시지에 고객이 반응할지'를 설계하는 것입니다.

이전의 타깃팅을 창에 비유한다면, 앞으로의 타깃팅은 고슴도치라고 할 수 있겠네요. 이전에는 데이터를 바탕으로 창처럼 뾰족하게 타깃을 찌르는 전략을 세워 정해진 타깃군에 메시지를 반복 노출하는 전략이 정론처럼 여겨지곤 했습니다. 하지만 이제는 고슴도치처럼 여러 방향으로 동시에 가시를 세우고 고객의 지향과 트렌드 변화에 따라 유연하게 몸을 움직이는 전략이 필요합니다.

실무에서는 이를 위해 비주얼, 카피 등을 다양화한 크리에이티브 셋set을 미리 준비할 수 있습니다. 그리고 AI를 활용해 각 셋에 대한 고객 반응을 학습하면서 어떤 조합이 가장 높은 전환을 만드는지 테스트해야 합니다. 이처럼 AI가 타깃을 찾아가는 구조를 만들고, 그 안에서 어떤 콘텐츠가 실제로 반응을 끌어내는지 끊임없이 실험하고 개선해나갈 때 최적의 균형을 찾을 수 있을 겁니다.

Question

AI 크리에이터는 어떻게 새로운 시장을 만들어갈까?

사람들은 실존하지 않는 가상의 크리에이터가 구축한
세계관에 몰입하고 있습니다.
이 변화가 콘텐츠 생태계에
어떤 확장을 가져올지 주목됩니다.

실존하지 않는 가상의 인물이 브랜드 캠페인 전면에 등장하는 시대가 되었습니다. 기존 광고 시장에서는 모델로 유명 연예인을 기용하는 것이 시청자들의 이목을 끄는 전략이었다면, 이제 가상 인물 모델이 이전의 문법을 뒤엎고 실질적인 마케팅 전략으로 자리 잡을 수 있을까요?

버추얼 인플루언서[4]의 성장세는 생각보다 가파릅니다. 시장조사기관 루츠 애널리시스Roots Analysis는 브랜드 스토리텔링, 제품 마케팅 등을 포함한 버추얼 인플루언서 시장의 가치가 2025년까지 114억 달러, 2035년까지는 2,908억 달러에 달할 것으로 예측했을 정도인데요.

브랜드들이 AI 모델에 주목하는 이유는 명확합니다. 저비용으

---

4   실제 존재하지 않지만 소셜 미디어 광고 등에서 사람처럼 등장해 팔로워와 소통하고, 대중의 관심과 신뢰를 얻으며 영향력을 발휘하는 가상의 인물을 의미한다. AI로 제작되기도 하고, 3D 그래픽·모션캡처 등 다른 기술로 만들어지기도 한다.

로 높은 창의성을 구현할 수 있고, 완전한 제어가 가능한 파트너이기 때문이죠. 틱톡은 '심포니Symphony'라는 광고 솔루션을 통해 브랜드들이 AI 아바타와 더빙 등 기능을 활용해 다양한 콘텐츠를 만들 수 있도록 지원하고 있습니다. 그외에도 누구나 직접 낮은 비용으로 고퀄리티의 콘텐츠를 제작할 수 있는 툴이나 서비스가 계속해서 출시되고 있고요.

그래서 기존에는 실존 인물을 모델로 섭외해 광고를 촬영해야 했다면, 이제는 버추얼 인플루언서처럼 실존하지 않는 가상 인물도 모델로 활용할 수 있게 되었습니다. 모델 섭외부터 실제 사진이나 영상 촬영에 필요한 예산 등이 절약되니 비용 절감은 물론, 모델 개인의 부정 이슈로 인한 브랜드 이미지 타격 등 예기치 못한 변수도 줄일 수 있고요. 실제로 유튜브부터 TV까지 어디에서든 가상 인물이 모델로 등장하는 광고 콘텐츠를 쉽게 찾아볼 수 있죠.

버추얼 인플루언서의 등장이 소비자들에게 새롭고 신선한 콘텐츠로서 주목을 받았다면, 가상 인물 모델을 내세우는 브랜드가 많아진 지금은 어떨까요? 소비자들은 이를 어떻게 받아들이고 있을까요?

아직 생성형 AI로 만들어낸 이미지가 사람을 대체하는 것을 낯설어하는 소비자도 많습니다. 메조미디어의 설문 조사 결과, 생성형 AI를 활용한 광고를 보고 브랜드에 호감이 간다고 답한 소비자는 24%, 신뢰가 간다고 답한 소비자는 16%에 그쳤습니다.[5]

특히 뷰티 업계에서는 AI 모델이 화장품을 광고하는 것에 대한 논란이 계속되고 있는데요. 화장품 광고의 경우 제품별로 색상이나 질감 등이 다르다 보니 실제 사람의 피부에 바른 모습이 핵심으로 여겨지기 때문입니다. 사람이 피부에 직접 사용하고, 개인의 피부 타입에 따라 제품 경험이 극명하게 갈리는 만큼 신뢰성이 특히 중요한 제품군이기도 하고요.

뷰티 업계가 아니더라도 생성형 AI가 만들어낸 사람의 얼굴이 흔히 말하는 '불쾌한 골짜기Uncanny Valley'로 느껴진다는 소비자도 많습니다. 불쾌한 골짜기란 사람이 아닌 것이 분명한데 사람과 닮은 것을 보았을 때 느껴지는 불편한 감정을 일컫는 말인데요. 광고 이미지를 보았을 때 소비자들에게 가장 먼저 와닿는 감상이 불쾌함이라면, 광고 효과가 반감되는 것뿐만 아니라 오히려 역효과를 불러일으키는 것이죠.

물론 생성형 AI를 활용한다고 해서 모든 콘텐츠가 소비자에게 불쾌감을 주는 것은 아닙니다. 불쾌한 골짜기가 문제로 지적되는

5　〈생성형 AI 광고소비자인식조사〉, 메조미디어, 2025

경우는 대체로 실제 인물을 흉내 내며 어설프게 '사람인 척'할 때입니다. 얼핏 보면 실제 존재하는 사람 같지만, 피부 질감이나 표정 등 디테일한 부분에서 현실과 괴리감이 느껴질 때 위화감이 발생하는 것이죠.

▲ 유튜브 채널 〈신세계그룹 랜더스 쇼핑페스타〉

그래서 오히려 현실의 사람을 묘사하는 것이 아니라 판타지적인 측면을 극대화했을 때 긍정적인 반응을 얻기도 합니다. 신세계그룹의 할인 캠페인인 '2025 랜더스 쇼핑 페스타'가 그 예인데요. 랜더스 쇼핑 페스타에서는 브랜드 계열사 각각의 개성을 반영한 18명의 AI 모델을 만들고 독립적인 세계관을 구축했습니다. 외계인과 함께 떠나는 10일간의 여정이라는 판타지적 내러티브를 활용해 마치 로맨스 판타지 장르의 콘텐츠를 감상하는 듯한 연출을 구현했죠.

즉, AI로 제작한 캐릭터를 단순히 모델로 활용하는 것이 아니라 AI만이 구현할 수 있는 판타지적 상상력에 초점을 맞춘 것인데요. 이는 같은 기술이라도 어떻게 활용하는지에 따라 불쾌감을 낳는 함정이 될 수도, 소비자 몰입을 강화하는 강력한 무기가 될 수도 있다는 점을 잘 보여줍니다.

브랜드 세계관을 확장시키는 크리에이티브 툴로써 활용한 것이네요. 최근 비슷한 맥락에서 자신만의 콘텐츠 영역을 넓혀가는 AI 크리에이터[6]들의 성공 사례를 보면, AI 크리에이터와 기존 인간 크리에이터 간의 관계는 경쟁 관계가 아닌 것처럼 보입니다.

최근 콘텐츠 업계를 떠들썩하게 만든 신흥 강자가 있습니다. 바로 생성형 AI로 제작된 햄스터 캐릭터 '정서불안 김햄찌'입니다. 2025년 4월 채널 개설 후, 4달이 채 되기 전에 구독자 50만 명을 달성했을 정도로 빠른 상승세를 보였습니다.

정서불안 김햄찌는 영화 제작사 유니버설 픽쳐스의 애니메이션 영화 〈드래곤 길들이기〉 PPL 콘텐츠를 제작하는가 하면, 샐러드 프랜차이즈 브랜드 샐러디와의 협업으로 한정판 메뉴를 출시

---

6 생성형 AI를 활용해 텍스트·이미지·영상·음악 등 다양한 콘텐츠를 직접 만들어내는 창작 주체이다.

▲ 유튜브 채널 〈정서불안 김햄찌〉

하는 등 여러 카테고리 브랜드와 다양한 방식의 협업을 이어가고 있죠.

이처럼 AI 크리에이터가 주목받는 이유는 단순히 신기하기 때문만은 아닙니다. 누구나 접근할 수 있는 생성형 AI 도구가 확산되면서 콘텐츠 생산의 구조가 근본적으로 달라졌기 때문인데요.

인간 크리에이터는 체력과 자원, 기술 등에 한계가 있습니다. 그런데 AI는 동일한 자원으로 훨씬 많은 콘텐츠를 빠르게 만들어 내거나, 혹은 퀄리티를 높일 수 있습니다. 그뿐만 아니라 캐릭터를 창조하거나 실험적 미학을 선보이는 등 기존에 없던 콘텐츠를 만드는 것이 가능해지면서 기존 시장에서 충족되지 못한 영역을 메워주고 있죠.

이런 흐름 속에서 AI 크리에이터는 크게 세 가지 유형으로 나뉘어 시장을 키워 가고 있습니다. 먼저 아티스트형은 기존 예술

가나 디자이너가 AI를 창작 도구로 활용해 자신의 작품 세계를 확장하는 경우입니다. 인간의 예술적 깊이를 단순히 대체하는 것이 아니라 새로운 표현 방식을 탐구하며 예술 생태계의 스펙트럼을 넓혀갑니다.

패러디형은 기존 캐릭터·브랜드·밈을 재조합해 짧고 빠른 콘텐츠를 대량 생산하는 유형입니다. 이는 롱폼 중심의 시장에 숏폼이 추가되며 새로운 장르를 형성했던 것처럼, 속도와 볼륨을 기반으로 새로운 카테고리를 열고 있는데요. 흔히 '양산형 AI 숏폼'이라고 불릴 만큼 그 수가 기하급수적으로 늘어나면서 빠르게 하나의 콘텐츠 포맷으로 자리 잡았죠.

마지막으로 오리지널 캐릭터형은 AI를 활용해 완전히 새로운 캐릭터를 만들고 이를 IP로 확장하는 유형입니다. 팬덤과 브랜드 자산을 함께 구축할 수 있으며, 기존 인플루언서 활동을 대체하기보다는 또 다른 팬덤 모델을 제시합니다. 앞서 언급한 정서불안 김햄찌가 대표적인 성공 사례고요.

결국 AI 크리에이터는 인간 크리에이터를 대체하려는 경쟁자보다는 각자 고유의 영역을 구축하며 공존하고, 콘텐츠 생태계의 외연을 확장하는 새로운 플레이어로 이해할 수 있습니다. 숏폼 크리에이터가 롱폼 크리에이터를 대체하지 않고 시장을 넓혔듯이, AI 크리에이터도 또 다른 카테고리를 창출하며 전체 시장의 규모를 확대하고 세분화된 생태계를 만들어 내고 있는 것입니다.

브랜드들은 크리에이터와의 협업 콘텐츠로 소비자와 소통하고, 광고 같지 않은 콘텐츠로 자연스럽게 브랜드 메시지를 전달해 왔는데요. 그렇다면 AI 크리에이터와는 어떤 협업이 가능할까요?

소비자가 인간 크리에이터와 AI 크리에이터에게 느끼는 감정은 분명히 다릅니다. 인간 크리에이터는 자신의 라이프스타일과 경험을 바탕으로 콘텐츠를 만들고, 소비자들은 공감이나 동질감 같은 감정을 느낍니다. 혹은 자신이 좋아하는 크리에이터를 보며 패션, 인테리어, 취미 등을 따라 하기도 하죠. 이러한 신뢰는 브랜드 메시지에도 전이되는데, 이것이 브랜드가 크리에이터와 협업 콘텐츠를 제작하는 이유이기도 합니다.

한편 AI 크리에이터는 또 다른 방식으로 소비자에게 다가갑니다. 현실에 존재하지 않는 인물이기 때문에 소비자들은 이들의 신선함, 상상력에서 매력을 느낍니다. 공감하거나 동경할 만한 대상이라기보다는 재미있고 새로운 판타지적 존재로 받아들이는 거죠. 브랜디드 콘텐츠의 역할은 브랜드 메시지를 현실감 있게 전달하는 것이 아니라, 고유의 세계관 속에서 몰입과 차별성을 만들어내는 것에 가까워집니다.

일례로 CJ대한통운은 AI 크리에이터 '진돌이', '탄이'와의 협업으로 배송 서비스 '오네'를 알리는 콘텐츠를 제작했습니다. 진돌이와 탄이는 생성형 AI로 만들어진 진돗개 캐릭터인데요. 실제 진돗개를 촬영한 듯하지만, 강아지가 아니라 사람처럼 행동하는 캐릭터들의 모습을 콘텐츠로 담아내 인기를 끌었습니다.

CJ대한통운과의 협업 콘텐츠에서는 진돌이와 탄이가 오네의 새벽 배송 서비스로 식재료를 구매해 도시락을 만드는 등, 브랜드 메시지를 생활 밀착형 스토리로 풀어냈습니다. 일상적인 장면을 독창적으로 구현하며 브랜드 메시지를 감각적으로 각인시킨 것인데요.

인간 크리에이터 콘텐츠가 자신의 삶을 배경으로 브랜드 메시지를 자연스럽게 녹여냈다면, AI 크리에이터는 브랜드가 의도한 상황 등을 더 자유롭게 구현할 수 있기에 보다 풍성한 콘텐츠를 설계할 수 있습니다. 크리에이터의 세계관에 브랜드가 더해지는 것이 아니라, 브랜드가 만든 세계관 속으로 소비자가 들어오게 만드는 구조인 것이죠.

특히 AI가 주는 신선하고 트렌디한 이미지는 브랜드가 새롭게 선보이는 제품이나 서비스와 잘 맞아떨어지는 경우도 많습니다. 신제품 출시나 서비스 론칭 단계에서 AI 크리에이터는 인간 크리에이터보다 훨씬 강렬한 호기심과 주목도를 이끌어낼 수 있습니다. 광고 모델을 다른 셀럽으로 교체하는 것이 아니라 새로운 유형의 크리에이터를 기용했다는 점에서 소비자에게 신선함과 차별성을 각인시킬 수 있기 때문입니다.

결국 AI 크리에이터는 인간 크리에이터의 대체제가 아니라 새로운 창작자 유형이라 할 수 있습니다. 그리고 이들이 콘텐츠 시장의 외연을 넓히고 새로운 가능성을 확장시키는 동력으로 작용하고 있는 만큼, 브랜드 또한 기존의 콘텐츠 문법에서 벗어나 보다 몰입도 높은 세계관 중심의 커뮤니케이션을 시도해볼 수 있습니다.

AI는 전략을 제안하고
콘텐츠를 만들고
성과를 예측합니다.
그래서 불안한 것은
시스템 안에서 모두가
비슷한 선택에 안주하게
되는 순간입니다.
마케팅에서 차이를 만드는 것은
더 많은 답이 아니라
그 답을 그대로 쓰지 않기로
결정하는 용기일지도 몰라요.

Chapter

4

브랜드와 소비자

생존을 묻다

Question

각기 다른 구매 여정, 하나의 브랜드 경험은 가능할까?

LG생활건강 커뮤니티 마케터 이주애

소비자 접점은 더 분절되지만,
경험은 오히려 더 정교하게 통합되고 있는 듯합니다.
브랜드가 이 흐름을 어떻게 설계하느냐에 따라
경쟁의 판도가 바뀌고 있습니다.

커뮤니티에서의 교류는 일상 속 사소한 궁금증부터 검색만으로는 해결되지 않는 실제 경험 기반의 조언까지, 사람 간 소통 기반의 정보 수집을 가능하게 했습니다. 네이버 블로그 이웃의 포스팅에 댓글을 달거나 다음 카페에 질문 글을 올리는 것처럼요. 커뮤니티란 비슷한 관심사를 가진 사람들이 모여 관계를 이어가는 공간인 만큼 때로는 정보보다 사람들의 반응이 더 중요한 자산이 되기도 하고요.

많은 사람이 챗GPT를 일상적으로 활용하는 지금도 커뮤니티는 여전히 중요한 교류의 장입니다. 하지만 기존에는 커뮤니티를 필요로 했던 일조차 AI가 대체하고 있다는 것은 분명 주목할 만한 변화입니다.

누군가에게 털어놓기 어려운 고민이나 사소한 궁금증을 터놓고 이야기해야 할 때 가장 먼저 찾는 곳이 커뮤니티였습니다. 남들에게 직접 묻기엔 민망한 질문이라도 익명성 아래에서 털어놓고 타인의 경험과 조언을 통해 정보나 위로 등을 얻을 수 있었죠.

그런데 이제 사람들은 같은 역할을 AI에게 기대하고 있습니다. 챗GPT와의 대화 기록이 메신저의 대화 내역이나 사진첩보다도 더 사적인 영역으로 여겨질 만큼, 유저들은 AI에게 자신의 생각과 고민을 미주알고주알 털어놓습니다. AI가 정보 탐색 도구에서 나아가 소통 욕구까지 충족시키는 관계적 인터페이스로 나아가고 있다고 볼 수 있습니다.

더 많은 대중과 소통하고자 하는 브랜드의 입장에서 보면 그 변화는 더 크게 느껴질 수 있습니다. 소비자들이 커뮤니티에서 정보를 나누는 대신 AI와 대화하는 경우가 많아진다고 생각해 볼까요. 커뮤니티에서는 다수의 유저를 대상으로 한 번에 메시지를 전달할 수 있었지만, 각자 AI와의 대화 속에서 시간을 보내는 유저를 대상으로 하려면 또 다른 수단이 필요해지죠. 브랜드가 소비자에게 메시지를 전달하며 소통할 기회 자체가 줄어들 수도 있고요.

그럼에도 소비자들이 완전히 고립된 개별 경험 속에서만 머

일각에서는 개인화된 경험이 유저가 원하는 바를 편리하게 충족해 주지만 사회적 교류는 약화할 수 있다는 우려를 제기하기도 합니다. 질문을 던지고 타인과 서로의 경험과 의견을 공유하는 과정이 관계 형성의 기반이 되는데, AI가 그 과정을 대체한다면 집단적 상호작용의 기회가 줄어들기 때문입니다.

하지만 사람들은 때로는 정확하고 신속한 답변이 아니라 누군가와 함께 생각하고 머리를 맞대어 고민하는 과정에서 안정감을 얻습니다. AI는 문제를 효율적으로 해결해 주거나 위로가 담긴 답변을 줄 수도 있지만, 공동체적 경험을 기반으로 유대감을 형성하는 것 같은 감정적 충족감은 제공하지 못하죠. 그래서 사람들은 여전히 다른 사람들의 반응을 확인하고 그 안에서 자신이 연결되어 있다는 감각을 찾으려 합니다.

커뮤니티는 언제나 브랜드와 소비자를 이어주는 가장 본질적인 접점이었습니다. 다만 개인화가 심화되는 지금, 이 본질적 가치가 어떻게 구현되는지가 브랜드 전략의 차이를 만듭니다. 결국 정서적 가치를 진정성 있게 나눌 수 있는 커뮤니티를 얼마나 섬세하게 설계하느냐가 관건이죠. 이런 접근은 기술이 대체할 수 없는 관계의 가치를 유지함으로써 소비자의 지속적인 참여와 충성도를 확보할 수 있게 합니다.

여러 브랜드가 이런 전략을 적극적으로 활용하고 있지만, '사람들이 모여야만 하는 이유'를 만들어 내 경쟁 우위를 점한 대표적인 브랜드로는 스포츠웨어 브랜드 룰루레몬이 있습니다. 창업 초기부터 매장을 단순 판매 공간이 아니라 요가 수업 등이 열리는 커뮤니티 허브로 활용했고, 앰배서더로 유명 연예인이 아닌 요가 강사 등 고객들이 공감하며 소통할 수 있는 인물을 내세워 지역사회 기반의 네트워크를 형성하기도 했죠.

소비자 접점이 점점 더 세분화되고 있다면, 이제 브랜드는 사람들을 다시 모으는 힘을 가져야 한다는 말일까요? 극도로 개인화되는 접점에서 어떻게 집단적 경험을 만들어갈 수 있을까요?

앞으로 브랜드의 역할은 단순히 개인화된 AI 경험을 제공하는 데 그치지 않습니다. AI가 설계하는 '1:1 맞춤 경험'을 마케팅 퍼널의 입구로 삼고, 그것을 다시 집단적 경험으로 연결하는 구조를 만들어야 합니다.

예를 들어 AI 기반 추천은 소비자에게 초개인화된 메시지를 전달하지만, 브랜드는 그 데이터를 바탕으로 공통 관심사를 가진 이용자들을 묶어 내는 커뮤니티 이벤트를 설계할 수 있습니다. 1:1로 들어온 고객을 다시 1:N 구조로 확장할 수 있는 전략이 필요한 것이죠.

혹은 개인적 경험이 집단으로 확장되도록 유저의 자발적인 참여와 확산을 이끌어 내는 전략도 생각해 볼 수 있습니다. 인터랙티브 콘텐츠 형태로 개인화된 결과물을 제공하고, 이를 소셜 미디어를 통해 공유하도록 유도하는 것처럼요. 개개인의 취향이나 액션이 모여 하나의 트렌드나 밈으로 확산될 수 있도록 설계하는 것이 핵심이죠.

결국 브랜드는 '나에게 꼭 맞는 경험'을 제공하는 동시에 그 경험을 여러 사람의 이야기로 연결하는 플랫폼이 되어야 합니다. 개인의 맥락과 집단적 공감이 맞물려 순환하는 구조를 탄탄하게 구축해야 브랜드가 관계의 지속성을 확보할 수 있습니다.

Question

AI 전환, 무엇을 맡기고 무엇을 남겨야 할까?

기술 도입은 속도가 아니라
적합성이 더 중요하다고들 말합니다.
무엇을 직접 만들고 무엇을 외부에 기대야 할지
새롭게 기준을 세워야 하는 시점에 와 있습니다.

기업이 기존의 전문 영역 밖까지 발을 뻗는 것은 정석적인 비즈니스 확장 전략입니다. 이제는 AI가 특정 산업의 기술이 아니라 모든 산업의 생산성을 높이는 기반 기술로 자리 잡게 되면서 많은 시장에서 앞다투어 도입하고 있죠. 이러한 흐름에서 업종 간 경계는 어떻게 변화할까요?

산업 간 융합 전략이 특히 두드러지는 제조기업과 커머스 기업을 예시로 살펴볼까요? 제조기업들은 D2C^{Direct to Consumer, 소비자 직접 판매}로 소비자 접점을 확보하려 하고, 커머스 기업들은 PB^{Private Brand, 자체 브랜드} 상품으로 제조 영역까지 진출하며 서로의 경계를 넘나들고 있습니다. 삼성·LG 같은 제조기업은 D2C로 직접 판매 채널을 구축해 유통 영역까지 넘보고 있고, 쿠팡이나 컬리 같은 커머스 기업들은 PB 상품과 직매입 모델을 강화하며 제조업체와 정면승부를 벌이고 있는 것처럼요.

이런 경쟁은 결국 시장 내에서 독자적인 경쟁력을 확보하기 위한 움직임입니다. 좋은 제품을 만드는 것에서 그치지 않고 제조부터 판매까지 전 과정의 유통을 컨트롤할 수 있는 영향력을 키워야만 시장 점유율을 높일 수 있으니까요.

여기에 AI가 더해지면서 경쟁 구도는 더 치열해지고 있습니다. 이제는 누가 더 정교한 데이터를 기반으로 개개인에 정밀하게 최적화된 경험을 제공하느냐가 핵심이 된 거예요. 쿠팡이 AI 기반 추천과 검색 고도화를 통해 광고·미디어 플랫폼으로 영향력을 키우고, 삼성이 갤럭시 AI로 서비스 영역을 확장하는 것처럼 말이죠.

그래서 제작이나 유통 역량만큼이나 데이터의 주도권이 굉장히 중요해졌습니다. 제조기업이 D2C 판매 채널, 즉 삼성전자의 삼성닷컴과 같은 자사몰을 강화하는 데에는 여러 이유가 있지만, 큰 비중을 차지하는 요인 중 하나가 데이터입니다. 외부 유통 플랫폼을 거쳐 판매하는 경우 파악할 수 있는 데이터에 한계가 있습니다. 그런데 자체 유통 채널에서 판매한다면 모든 데이터를 폭넓게 파악할 수 있죠.

이 지점에서 주목할 만한 사례가 바로 쿠팡의 어필리에이트 프로그램, '쿠팡 파트너스'입니다. 쿠팡 파트너스는 쿠팡 유저가 특정 상품의 링크를 온라인에 공유하고, 이후 이 링크를 통해 판매가 이루어졌을 경우 링크를 게시한 유저에게 판매액 일부를 공유하는 프로그램인데요.

이러한 방식은 실제 매출이 발생했을 때만 광고비가 지출되는 구조인 만큼 광고 효율이 높을 뿐 아니라 고객 데이터 측면에서도 강점이 있습니다. 어떤 고객이 어떤 채널을 통해 유입되어 어떤 제품을 구매했는지에 대한 데이터를 얻을 수 있는 장치니까요.

링크 클릭, 유입 경로, 전환율 같은 데이터는 광고 타깃팅과 추천 알고리즘을 더 정밀하게 만들고, 궁극적으로는 단순 커머스에서 광고·미디어 플랫폼으로까지 확장할 수 있게 하죠.

기업별 전략에 따라 AI를 도입하는 방식에도 새로운 구분 기준이 생길 것 같습니다.

같은 업종이라도 브랜드에 따라 마케팅 전략이 천차만별인 것처럼 AI 도입 전략 또한 다양한데요. 현재 대표적으로는 크게 두 가지 접근법이 보입니다.

하나는 자체 AI 시스템을 구축하는 전략입니다. 타 서비스나 플랫폼에 대한 의존도를 낮추고 자체적인 인프라를 갖추는 전략인데요. 막대한 투자가 필요한 만큼 초기 비용과 리스크가 상당하지만, 구조를 안정적으로 갖춘다면 광고·콘텐츠·커머스 등 많은 영역에서 우위를 차지할 수 있습니다. 무엇보다 독자적인 생태계를 만들어 자사에 최적화된 룰을 정할 수 있다는 게 핵심이죠.

한편 외부 플랫폼이나 범용 솔루션을 활용하는 기업들도 있습니다. 이들은 기존 플랫폼을 활용해 빠르게 시장에 뛰어드는 전략을 선택합니다. 실행 속도가 빠르고 비용 효율성이 높다는 장점이 있지만, 장기적으로는 기술 공급자에 대한 종속성을 안게 됩니다.

물론 둘 중 어느 것이 더 좋다는 정답은 없지만, 아직까지는 후자의 전략을 택하는 기업이 훨씬 많은 것이 현실입니다. 규모가 비교적 작은 기업이 자체 AI 시스템 구축을 위해 선뜻 투자를 감행하기에는 많은 제약이 따르니까요. AI 도입에 있어 걸림돌을 물었을 때, 자산 규모 5천억 원 미만 기업에서는 응답자의 약 72% 가 AI를 전담할 내부 인력이 부족하다는 점을 가장 큰 도전 과제로 꼽기도 했습니다.[7]

한편 최근 여러 기업에서 자체 AI를 개발하고 있다는 소식을 접하게 되는데요. 국내 주요 기업들이 자체 AI를 개발한 배경에는 명확한 이유가 있습니다.

먼저 보안과 데이터 통제력 확보입니다. 삼성전자는 임직원의 외부 AI 사용을 제재한 이후, 코딩 에이전트 '클라인Cline'을 개발해 도입했습니다. 내부 정보가 외부로 유출될 위험을 최소화하면서도 생산성을 높이기 위해 자체 AI를 개발한 것이죠.

다음으로는 장기적 생태계 구축과 서비스 확장성이 있습니다.

---

7   〈가속화되는 AI 도입과 투자, 기업이 AI를 통해 장기적인 가치를 창출하려면 어떻게
    접근해야 할까요?〉, EY한영, 2025

LG는 국내 최초 오픈소스 AI 모델 '엑사원EXAONE'을 선보인 이후, LG 계열사의 연구개발과 고객 상담 자동화 등 다양한 분야의 업무에 적용했습니다. 나아가 향후 엑사원을 중심으로 하는 생태계를 만들어 나간다는 비전을 내보이고 있죠.

이들의 공통점은 업무 효율 증대만을 위해서가 아니라, 데이터 보호나 장기적 관점에서의 확장성 등을 고려한 거시적 전략으로 자체 개발을 선택했다는 점입니다. 이처럼 명확한 목적이 있기 때문에 투자 비용과 리스크를 감수하고서라도 자체 AI 시스템을 구축할 필요가 있는 겁니다.

자체 플랫폼을 구축하기 어렵더라도 AI 도입을 고려할 수밖에 없는 지금, 브랜드와 마케터들은 어떤 고민을 해야 할까요?

AI가 시장에 완전히 자리 잡은 기술이 아니라 본격적인 도입이 시작되는 단계인 만큼 중요한 건 단계적 접근이라고 생각합니다. 먼저 브랜드만의 데이터 자산을 쌓아 가는 것부터 시작할 수 있겠죠. 고객과의 직접 접점을 늘리고 인사이트를 데이터로 축적해 나가는 거예요.

모든 브랜드가 자체 AI 시스템을 갖출 수는 없지만, 브랜드 고유의 차별화된 데이터와 인사이트를 무기로 만들 수는 있습니다.

기술을 빠르게 도입하는 것보다 더 중요한 것은 각자에게 맞는 AI 활용 구조를 설계하고 그 안에서 데이터가 유의미하게 순환할 수 있도록 체계를 만드는 일입니다.

이런 상황에서 광고 에이전시의 역할도 변화가 필요해 보입니다. 매체 집행만 하는 것이 아니라, 캠페인을 통해 얻은 데이터를 브랜드의 자산으로 전환하고 브랜드 고유의 차별적 경험을 만들어 낼 수 있도록 도와야 하니까요. 브랜드가 보유한 데이터와 AI를 어떻게 효과적으로 연결할지가 앞으로 풀어야 할 새로운 과제가 될 것 같습니다.

Question

AI 네이티브 기업은 시장을 어떻게 바꿀까?

디지털, 나아가 AI를 시작점으로 둔 네이티브 기업은
시장에서 이전에 없던 새로운 규칙을 만들어갑니다.
이들의 방식은 시장의 질서를
어떻게 재구성하고 있을까요.

넷플릭스, 토스, 카카오 같은 기업들은 바로 지금과 같은 시장의 변화를 포착해 성장해 온 기업들입니다. 이들이 어떤 변곡점에서 등장했고, 어떻게 산업 질서를 바꿔 왔는지 먼저 짚어볼까요?

공통된 출발점은 뉴미디어 환경의 전환이었습니다. 전통적인 산업 질서에서 벗어나, 디지털 기술과 새로운 미디어 접점을 활용해 시장을 다시 짜는 방식으로 성장해 온 것이죠.

넷플릭스는 TV 방송에서 온라인 스트리밍으로 옮겨 가는 미디어 패러다임 변화 속에서 몸집을 키웠습니다. 처음에는 DVD 대여 서비스로 출발했지만, 스마트 디바이스 확산이라는 흐름에 발맞춰 스트리밍 중심 플랫폼으로 전환하며 글로벌 미디어 시장을 바꿔 놓았습니다.

그런가 하면 기술의 급진적인 발전에 앞장서 새로운 시장을 개척하는 기업도 있습니다. 대표적으로 토스는 모바일 금융 혁신이라는 흐름 속에서 등장했습니다. 복잡하고 불편한 과정 없이 송금·결제를 단순화하며 금융 생활을 재편했고, 이후 대출·보험·투자까지 영역을 확장하며 '모바일 금융 슈퍼앱'으로 성장했습니다.

이처럼 디지털이라는 공통분모로 여러 기업들이 제각기 변화를 꾀하다 보니, 자연스럽게 고객의 시간을 얼마나 차지하는지가 핵심 경쟁력이자 생존의 필수 조건이 되었습니다.

뉴미디어 시장의 키 플레이어로 여겨지는 유튜브를 예시로 들어볼까요? 유튜브 비즈니스 모델의 핵심은 광고인데, 그만큼 유저가 유튜브 앱 안에서 얼마나 오래 머무는지가 곧 플랫폼의 가치로 환산됩니다. 고객이 플랫폼에 머무르는 시간을 오래 확보해야 파트너사에 더 높은 가치를 제공할 수 있으니까요.

체류 시간을 늘리기 위해 플랫폼들은 점점 더 다양한 기능을 결합하고 있습니다. 유튜브의 경우에도 영상 콘텐츠 외에 라이브 스트리밍, 커뮤니티, 쇼핑 기능까지 한 플랫폼 안에서 동시에 이뤄질 수 있도록 확장을 이어 가고 있고요.

국내에서는 카카오가 모바일 메신저라는 일상적 접점을 기반으로 커머스·금융·콘텐츠까지 생태계를 넓힌 것이 대표적입니다. 카카오톡이 플랫폼 전체의 허브가 되면서 이용자들의 생활 데이터를 흡수하고 이를 기반으로 새로운 서비스를 확장할 수 있었죠.

디지털 네이티브 기업들이 AI를 활용할 때 공통적으로 주목하는 지점은 무엇일까요? 이들에게 AI는 단순히 기술 개발에 그치지 않는 것처럼 보입니다.

이제 경쟁의 핵심은 기술적 우위가 아닙니다. 보유한 데이터를 바탕으로 유저 경험을 재설계할 수 있는 역량에 달려 있죠. 예를 들어 추천 알고리즘이나 큐레이션을 더 정교하게 제공함으로써 유저들이 도저히 '뒤로 가기'를 누를 수 없을 정도로 매력적인 콘텐츠 피드를 만드는 것처럼요.

이 지점에서의 핵심 무기로 떠오른 것이 AI입니다. AI는 체류 시간 경쟁을 넘어 플랫폼 전체의 경쟁 구도를 바꾸고 있습니다. 고객 데이터를 기반으로 한 맞춤형 추천과 검색, 구매까지 전반적인 유저 경험에 AI가 속속들이 스며들고 있죠.

넷플릭스는 시청 이력을 바탕으로 맞춤형 예고편과 추천 시스템을 제공하면서 '나만을 위한 미디어 경험'을 구축했습니다. 특히 2025년에는 기존의 개인 최적화 콘텐츠 추천 외에 검색 기능에도 AI를 선보였는데요. 예컨대 "스릴 있지만 과하게 무섭지는 않은 영화를 추천해 줘"와 같이 자신이 원하는 콘텐츠를 문장형으로 설명하면 이에 맞는 검색 결과를 노출하는 겁니다.

토스와 카카오 또한 AI 챗봇을 통해 금융·상담 서비스를 직관적인 대화형으로 바꿔 놓았습니다. 토스뱅크는 자체 개발 챗봇인

'헬프챗'을 통해 고객 관점에서 실용성 높은 답변을 제공합니다. 고객이 금융 서비스에 대한 질문을 하면, 해당 서비스에 대한 설명과 함께 질문하는 맥락에 따른 대안까지 제시하는 식이죠.

기존 산업 위에 AI를 얹는 방식으로 시장을 점유하지 않고 처음부터 AI를 기반으로 탄생해 새로운 시장을 연 플랫폼들도 있습니다.

대표적으로 뤼튼과 콴다는 AI를 보조 기술이 아니라 서비스의 출발점으로 삼는 기업들입니다. 교육 플랫폼의 핵심을 '개인 맞춤 학습 경험'으로 정의하고, 이를 AI 튜터로 구현했습니다. 개인의 학습 수준과 패턴을 분석해 개인화된 커리큘럼을 제공하고, 실시간 피드백을 제공함으로써 학습 과정을 명확하게 보여 주죠.

흥미롭게도 AI 네이티브 기업들은 교육 분야에서 유독 빠른 성장을 보이고 있습니다. 학생마다 학습 속도가 천차만별이라 개인화에 대한 니즈가 명확하고, 문제·정답·풀이 같은 데이터가 구조화되어 있어 AI 적용이 상대적으로 수월한 편이거든요. 서비스 편익을 성적이라는 수치를 통해 바로 확인할 수 있는 분야라는 점도 유저들의 신뢰를 얻기에 유리합니다.

교육 환경의 변화를 앞당긴 것은 코로나19 팬데믹이었습니다.

전 세계적으로 대면 수업이 중단되면서 온라인 학습 수요가 폭발적으로 증가했고, 교육 플랫폼들은 디지털 전환을 선택이 아닌 필수로 받아들여야 했죠. 이 과정에서 AI는 단순한 보조 기술을 넘어 학습 경험의 질과 운영 효율을 동시에 끌어올리는 핵심 동력이 되었습니다.

즉, AI가 교육 분야에서 빠르게 자리 잡을 수 있었던 건 오프라인에서의 대면 경험과 유사한 수준의 개인화를 가능하게 해 줄 기술에 대한 수요가 빠르게 증가했기 때문입니다. 그런데 이런 변화는 교육에만 국한되지 않습니다. 의료·금융·유통 같은 다른 산업에서도 유사한 수요가 꾸준히 높아지고 있어요. 환자의 진료 데이터를 기반으로 맞춤형 치료 방안을 제안한다든지, 소비자의 구매 기록을 토대로 다음 수요를 예측하는 식이죠. 결국 산업마다 맥락은 다르지만, 공통적으로 AI를 통해 보다 정밀한 예측과 개인화된 서비스를 제공하려는 흐름이 강하게 나타나고 있습니다.

디지털 네이티브, AI 네이티브 기업들이 시장에서 소통하는 방식은 전통적인 마케팅·브랜딩 방식과 어떻게 다를까요?

전통적인 마케팅이 메시지 전달과 이미지 구축에 집중했다면,

디지털 네이티브 기업들은 아예 다른 접근법을 택했습니다. 이들에게는 경험 자체가 브랜드의 본질이거든요.

넷플릭스는 추천 시스템을 통해 '내가 보고 싶은 걸 정확히 아는 미디어'를 경험하게 만들고, 토스는 금융 서비스의 불편을 없애면서 '쉽고 직관적인 금융 생활'을 경험으로 각인시켰습니다. 카카오 역시 메신저라는 일상적 경험 위에 결제·커머스·콘텐츠를 얹으면서 삶의 일부로 스며들었습니다.

결국 이들에게는 경험을 설계하는 것 자체가 곧 마케팅입니다. 그렇기 때문에 전통 브랜드와는 전혀 다른 방식을 택하고 있고, 더 나아가 마케팅을 펼치는 플랫폼이자 생태계가 되기도 합니다.

카카오톡도 마케팅 플랫폼으로써 널리 활용되고 있는데요. 특히 2024년에는 카카오의 연간 커머스 거래액이 카카오톡의 '선물하기'를 포함해 10조 원을 넘었습니다. 연간 거래액으로만 따지면 국내 백화점과 견줄 만한 규모임을 고려했을 때, 카카오의 커머스 생태계가 디지털 네이티브로 시작해 유통업계에 견고하게 자리 잡았음을 알 수 있죠.

2023년에는 카카오톡 선물하기에서 명품 전문관 '럭스LuX'를 오픈했습니다. 럭셔리 브랜드에게는 백화점 매장 입점 대비 비용 부담 없이 디지털 고객 접점을 확대할 수 있는 기회였는데요. 특히 카카오 선물하기의 주력 유저층인 영타깃에게 비교적 합리적인 가격대의 모델을 노출함으로써 잠재 고객을 확보할 수 있다는 점이 주요 마케팅 포인트입니다.

2025년 현재는 럭스에 불가리, 구찌 등 약 220여 개 브랜드가 입점해 있으며, 1억 원 이상의 고가 주얼리부터 10만 원대의 비교적 접근성 높은 상품까지 다양한 상품군을 판매하고 있습니다. 즉, 카카오톡이 마케팅 플랫폼으로써 명품 브랜드를 파트너로 확장함과 동시에, 고객에게도 '카카오톡에서 명품을 선물한다'는 새로운 소비 경험을 제공하는 윈윈win-win 전략인 것입니다.

Question

작은 브랜드가 AI를 무기로 대기업과 대적할 수 있을까?

전 월트디즈니컴퍼니 코리아 마케터 윤진호

AI는 어쩌면 자원 격차를 극복할 수 있는,
생각보다 더 막강한 무기가 되어줄 지도 모릅니다.
모든 것이 격변하는 시대에 기회를 거머쥐는 경쟁력은
규모가 아닌 전략에 있습니다.

대기업이나 AI 네이티브 기업은 자체 플랫폼을 키우거나 유 저 경험을 재편하면서 시장을 주도하고 있습니다. 그렇다면 작은 브랜드는 어떤 방식으로 활용할 수 있을까요?

국내 신규 기업 중 무려 98%가 1인 기업일 정도로, 충분한 인 프라를 갖춘 브랜드보다 그렇지 못한 브랜드가 압도적으로 많습 니다. 그리고 작은 브랜드는 오히려 AI를 통해 규모의 격차를 단 숨에 줄일 독특한 기회를 가지고 있습니다. 이전에는 인력이 많 을수록 유리했다면, 이제는 AI로 운영을 자동화함으로써 인적 자 원에 대한 의존도를 낮출 수 있기 때문입니다. 규모가 작을수록 의사결정 속도도 빠르니 빠른 학습과 실험을 통해 다양한 아이디 어를 직접 실현해 볼 수도 있죠.

이런 상황에서 AI는 일을 대신 해주는 도구 이상의 역할을 할 수 있습니다. 기획부터 제작, 운영까지 함께하는 공동 창업자처럼 요. 시장 조사부터 기획안 작성, 이미지나 영상 제작, 광고 집행까지 사이클을 혼자서 돌릴 수 있게 된 거예요. 즉, 효율 개선을 넘어서 생존과 성장의 조건 자체를 바꿀 수 있습니다.

작은 브랜드에게 '있으면 좋은' 것이 아니라 필수적인 무기겠네요. 많은 브랜드가 AI를 활용하고 있지만 실제로는 단순한 업무 지원 수준에 그치는 경우가 많은데, 도구와 무기를 가르는 기준은 무엇일까요?

핵심은 AI를 브랜드 운영의 어느 단계에 개입시키느냐에 있어요. 도구로만 쓴다면 AI는 반복적인 업무를 대신 해주는 도구 수준에 머무르게 됩니다. 예를 들어 카피 몇 줄을 대신 써달라거나, 이미지를 몇 장 만들어달라는 것처럼요.

하지만 무기로 활용하려면 브랜드의 핵심 의사결정 과정까지 AI를 개입시키거나, AI가 수행해야 할 업무를 세분화하는 등 전략이 필요합니다. 제품 기획 단계에서 AI가 소비자 리뷰와 시장 트렌드를 종합 분석해서 제품 방향을 제안하게 하거나, 콘텐츠 제작에서 타깃별로 개인화된 메시지를 대량 생산하는 식으로 말이에요. 이렇게 전략적으로 AI를 투입하는 순간, AI는 단순한 지원 도구가 아니라 브랜드 성장을 함께 설계하는 무기가 됩니다.

AI가 실제 사람 이상의 퍼포먼스를 낼 수 있는 영역을 찾아서 그 부분에 집중적으로 투입하는 것이 핵심입니다. 예를 들어 시장 조사 단계에서는 경쟁사 분석부터 소비자 반응, 트렌드 예측까지 종합해서 전략 방향을 제시하게 하고, 콘텐츠 제작에서는 하나의 콘셉트를 여러 채널과 타깃에 맞게 배리에이션하는 역할을 맡기는 거죠.

중요한 건 AI를 단발적으로 쓰는 게 아니라 브랜드 운영의 전체 프로세스에 통합시키는 겁니다. 기획 - 제작 - 집행 - 분석의 각 단계를 연속적으로 학습하고 개선할 수 있도록 설계하면, 시간이 갈수록 브랜드에 특화된 파트너를 만들 수 있어요. 이렇게 되면 작은 브랜드도 체계적인 데이터 기반 의사결정과 마케팅을 구현할 수 있습니다.

이런 흐름을 잘 보여주는 사례가 뉴저지의 드레스 브랜드 아마라Amarra입니다. 아마라는 2018년 단 두 명으로 출발한 작은 기업이었지만, 2025년에는 전 세계 800여 개 소매점과 파트너십을 맺을 정도로 성장했습니다.

그 배경에는 적극적인 AI 도입이 있었습니다. 아마라는 2020년부터 챗GPT를 활용해 드레스 제품 설명을 작성했는데요. 드레스의 소재나 실루엣 등 제품 특성을 살려 완성도 높은 설명문을 빠르게 얻을 수 있었죠. 덕분에 콘텐츠 제작 속도가 60% 단축되었고, 결혼식이나 파티 등 행사의 목적에 맞춰 세분화된 제품을 다양하게 출시하는 업계 특성상 효율 개선은 곧 매출 증대로 이어졌습니다.

또 하나 주목할 점은 재고 관리입니다. 드레스는 시즌별 트렌드 변화가 크고, 특정 행사용 드레스는 수요 예측이 까다롭습니다. 아마라는 AI 기반 재고 예측 시스템을 도입해 과거 판매 데이터와 계절별 패턴을 분석했고, 그 결과 과잉 재고를 40% 줄이는 데 성공했습니다. 동시에 인기 있는 아이템이 조기에 품절되지 않도록 균형 있게 공급할 수 있었죠.

아마라는 이렇게 AI를 운영 전반에 통합하면서 소규모 인력으로는 감당하기 어려운 업무도 효율적으로 처리할 수 있는 시스템을 구축했습니다. 이처럼 작은 브랜드라도 AI를 전략적으로 활용하면 단순한 비용 절감 차원을 넘어 경쟁력을 갖출 수 있습니다.

미디어와 기술이 바뀌면
시장의 룰은 반드시
다시 쓰입니다.
AI는 단순한 도구의
업그레이드가 아니라
브랜드와 소비자가 만나는
질서 자체를 재편하는 힘입니다.
이제 우리는 변화된
룰을 따라가는 것을 넘어
새로운 시장의 문법을
스스로 정의해야 합니다.

에필로그

어떤 기준을
가져야 하는가 :
세 개의 시선

신뢰성

2024년
더블린 핼러윈
퍼레이드 사건

콘텐츠 범람과 과잉

정보를 '만들어 내는' AI

2024년 10월, 아일랜드 더블린 도심에 수천 명의 시민이 핼러윈 퍼레이드를 보기 위해 모였습니다. 그런데 당일 현장에 무대나 진행 요원 등이 전혀 준비되어 있지 않았는데, 알고 보니 사람들이 보았던 퍼레이드 정보가 거짓이었던 것으로 밝혀졌습니다. 소셜 미디어에 많은 사람이 모여 퍼레이드를 기다리는 모습이 업로드되자 아일랜드 경찰청이 공식 X구 트위터 채널을 통해 당일 더블린 시내에 예정된 할로윈 퍼레이드가 없음을 알리고 해산을 권고한 겁니다. 어떻게 수천 명이나 되는 사람들이 모두 거짓 정보에 속아 퍼레이드를 즐기러 나오게 되었을까요?

해당 정보는 세계 각국의 할로윈 퍼레이드 일정을 게시하는 웹사이트에 업로드되었는데, 게시된 일정 중 일부는 실제로 개최되는 행사였지만 일부는 가짜 행사였습니다. 즉 정확한 정보와 그렇지 않은 정보가 교묘하게 뒤섞여 혼란을 야기한 것이죠.

이후 전문가들은 사건의 중심이 된 웹사이트가 광고 수익을 목적으로 만들어진 것이며 업로드된 콘텐츠들은 생성형 AI로 만들어졌다고 분석했는데요. 실제 웹사이트의 소유주인 나지르 알리는 미국 언론사 와이어드Wired와의 인터뷰를 통해 자신이 SEO 에이전시의 대표이며, 문제의 웹사이트 또한 구글 검색 페이지 상위 노출을 위해 AI 콘텐츠를 활용한 것이라고 밝히기도 했습니다.

나지르 알리의 인터뷰

AI로 웹사이트를 만드는 건 어렵지 않습니다. 하지만 구글 검색 결과 1페이지에 노출되는 건 매우 어렵습니다. 그런데 저희 사이트는 1페이지, 그것도 첫 번째 순위에 올랐어요.

이런 성과를 만들기 위해 챗GPT에 기사 작성을 요청하는 등 AI의 도움을 받았던 것은 사실입니다. 하지만 AI는 어디까지나 도움을 주었을 뿐, 최종적으로는 사람이 직접 최적화하고 다듬는 과정을 거쳤죠.

그렇기 때문에 더블린 할로윈 퍼레이드 사건은 분명히 저희의 실수입니다. 앞으로 AI를 활용할 때는 사실 검증을 두 세 단계에 걸쳐, 혹은 그 이상까지 철저하게 해야 합니다. 그리고 한 가지 덧붙이자면, 유저들 또한 구글에서 검색해서 얻게 된 정보가 반드시 진실이라고 맹신하지 않아야 합니다. 구글은 단지 검색 엔진일 뿐이고, 누구나 어떤 정보든 자유롭게 올릴 수 있으니까요.

— WIRED 인터뷰("The Guy Behind the Fake AI Halloween Parade Listing Says You've Got It All Wrong") 중 발췌

자유와 책임의 간극

주목할 만한 것은 나지르 알리가 인터뷰를 통해 더블린 할로윈 퍼레이드는 의도적으로 퍼뜨린 가짜 뉴스가 아니라고 주장했다는 점입니다. 그는 이번 사건이 고의가 아닌 실수로 인해 벌어진 일이며, 유저 차원에서도 검색 결과를 온전히 믿는 것이 아니라 사실 여부를 교차 검증해 볼 필요가 있다고 말했습니다. 즉, AI가 사실과 다른 정보를 그럴듯하게 생성해 내는 '할루시네이션' 현상을 걸러내지 못해 이처럼 직접적인 피해로 이어진 것입니다.

기존 언론은 기자 개인의 견해와 판단뿐만 아니라 일정한 내부 검토 절차를 거쳐 보도하는 체계를 갖추고 있습니다. 그런데 지금은 개인이 언론 수준의 콘텐츠 영향력을 가지는 한편, 그에 상응하는 검증 체계는 부재한 상태입니다. 누구나 AI를 활용해 콘텐츠를 무한히 생산할 수 있는 만큼 오히려 정보의 진위를 확인할 책임이 개인에게 전가되는 구조가 고착화되고 있는 셈이죠.

하지만 AI 활용 창작자에 대한 규제로만 문제를 해결할 수는 없습니다. 창작자에게 사실 검증에 대한 과도한 의무를 부과하면 표현의 자유나 창작의 자율성을 해칠 수 있고, 콘텐츠를 생산하는 환경이나 방식이 너무 다양하고 유동적이기 때문에 규제의 범위를 설정하기도 모호합니다. 따라서 플랫폼, 생산자, 이용자 모두가 디지털 콘텐츠 생태계의 신뢰 기반을 어떻게 다시 설계할 것인지 고민해야 할 시점입니다.

그렇다면 콘텐츠의 신뢰성을 높이기 위해 생산자와 플랫폼은 어떤 체계를 마련해야 할까요? 또한 표현의 자유와 정보 전달자로서의 책임 사이의 균형은 어떤 기준을 중심으로 설정될 수 있을까요?

신뢰성과 투명성을 높이기 위한 플랫폼의 노력

네이버 치지직 – '클립 광고 인센티브' 정책

치지직은 방송 제목·설명란에 AI 사용 여부를 명확히 기재하도록 요구하며, 사전 동의 없이 타인의 얼굴·음성을 합성한 콘텐츠는 금지됩니다. 또한 라벨이 붙지 않은 AI 콘텐츠는 유효 조회수로 인정되지 않아 수익이 '0원'이 되는 구조로, 사실상 라벨 표기를 의무화하고 있습니다.

틱톡 – 'AI 생성 콘텐츠 자동 라벨링' 정책

틱톡은 AI 콘텐츠에 자동으로 'AI 생성' 라벨을 부착합니다. 이를 위해 틱톡은 주요 기업이 참여하는 국제 컨소시엄인 C2PA Coalition for Content Provenance and Authenticity와 협력, 해당 기구가 개발한 콘텐츠 출처 인증 표준 Content Credentials을 플랫폼에 공식 도입했습니다.

X – 사용자 참여형 검증 시스템 '그룹 노트(Community Notes)'

X는 생성형 AI 확산으로 커지고 있는 가짜 뉴스·딥페이크 문제에 대응하기 위해, 사용자 참여 기반의 검증 시스템인 '그룹 노트Community Notes'를 운영하고 있습니다. 그룹 노트는 다양한 관점을 가진 참여자들이 게시물에 추가 설명·출처·정정 정보 등을 직접 작성하고, 서로의 정보를 평가해 상호 검증하는 기능입니다.

규제의 시작

AI 기반 콘텐츠의 오정보 확산 가능성을 무조건 방치할 수는 없습니다. 실제로 일부 분야에서는 AI 생성물의 진위 여부가 개인의 권리와 사회 전체의 질서를 해치는 수준에 이를 수 있기 때문에 이미 법적 규제가 도입된 사례도 존재합니다.

대표적인 것이 공직선거법입니다. 정보의 신뢰성은 어느 영역에서나 중요하지만, 특히 정치 분야에서는 그 중요성이 남다릅니다. 정치적 의사 결정이 대중의 여론에 크게 영향을 받을 수밖에 없는 만큼 왜곡된 정보는 사회 전반에 혼란을 초래할 수 있고, 복지나 외교 등 민감한 이슈에 대한 허위 정보는 국가 차원의 갈등을 조장할 수 있기 때문입니다.

실제로 국내에서는 2023년 12월 공직선거법 개정을 통해 딥페이크Deepfake 영상 등을 이용한 선거 운동을 금지했습니다. 이로써 공직선거법 제82조 제8항에 따라, 선거일 전 90일부터 선거일까지 실제와 구분하기 어려운 가상의 음향·이미지 또는 영상을 제작하거나 유포하는 행위가 법적으로 금지되었습니다. 2025년 4월 제21대 대통령선거 당시에는 중앙선거관리위원회가 '허위사실·비방 AI 딥페이크 특별대응팀'을 운영하며 AI 기반 조작 영상에 적극 대응하기도 했습니다.

그 외에도 성폭력범죄의 처벌 등에 관한 특례법, 아동·청소년의 성보호에 관한 법률 등에서도 AI를 활용한 딥페이크 제작 및 유포 행위에 대한 처벌 근거를 명시하고 있습니다. 딥페이크 콘텐츠는 타인의 권리와 공공질서를 정면으로 침해할 수 있는 기술로 인식되기 때문에, 그 신뢰성과 악용 가능성에 대해 특별한 주의와 법적 제한이 적용되는 것입니다.

딥페이크란

'딥러닝deep learning'과 '가짜fake'의 합성어로, 2017년 한 레딧 사용자가 유명인의 얼굴을 합성한 영상을 올리며 널리 쓰이기 시작했습니다. 2023년에는 전 세계 소셜 미디어에서 50만 건이 넘는 딥페이크가 공유되었습니다.

정치인·기업인 등 유명인의 영상을 조작한 사칭·사기 등 부정적인 측면으로 활용되는 경우가 자주 거론되는가 하면, 콘텐츠 분야에서는 생동감을 살리고 개인정보를 보호하는 등 다양한 목적으로 활용되기도 합니다. 다큐멘터리 영화 〈웰컴 투 체첸〉은 성소수자들의 안전을 위해 실제 표정과 감정은 유지한 채 다른 사람의 얼굴을 자연스럽게 합성하는 방식을 택해, 피해자들의 존재를 숨기지 않으면서 콘텐츠의 완성도를 높일 수 있었습니다.

넘치는 콘텐츠, 낮아진 신뢰

허위 정보나 딥페이크와 같은 이슈에서 나아가, AI가 생산하는 콘텐츠 중심으로 재편되는 시장 구조 자체에 피로감을 호소하는 여론도 주의 깊게 살펴볼 만합니다. 최근 인터넷에 올라오는 수많은 정보 중 상당수가 실제 사람이 아닌 AI나 자동화된 프로그램에 의해 생성되고 있다는 가설에서 출발한 '죽은 인터넷 이론Dead Internet Theory'이 실제화되고 있다는 목소리가 나오고 있는데요.

이 이론은 2021년 처음 등장했을 당시에는 음모론처럼 여겨졌지만, 최근 몇 년 사이 AI 콘텐츠 생산 기술이 빠르게 확산되면서 실질적인 현상으로 주목받기 시작했습니다.

실제로 보안 기업 임퍼바Imperva는 봇에 의한 트래픽이 전체 트래픽의 51%를 차지해 사람에 의한 트래픽을 넘어섰으며, 이는 AI의 보편화로 인한 것이라고 분석하기도 했습니다. 이러한 콘텐츠 과잉은 주목 경쟁을 넘어서 콘텐츠 신뢰에도 직접적인 영향을 미치고 있습니다.

죽은 인터넷 이론Dead Internet Theory이란

인터넷 공간이 더 이상 실제 사람들의 대화로 채워져 있지 않으며, 대다수의 온라인 콘텐츠가 자동화된 시스템에 의해 생산

및 유통되고 있다는 관점을 담고 있습니다. 한때 음모론으로 치부되기도 했지만 생성형 AI가 폭발적으로 확산되면서 다시 주목받고 있는 주장이기도 합니다.

죽은 인터넷 이론은 오늘날 우리가 접하는 댓글·기사·영상 중 상당수가 실제 사용자가 아닌 AI가 데이터나 알고리즘 등을 모방한 결과물일 수 있다고 경고합니다. 특히 샘 올트먼 오픈AI CEO가 "인터넷은 이미 인간이 만든 콘텐츠보다 AI가 만든 콘텐츠가 더 많을지도 모른다"고 언급하면서 이러한 주장은 더 이상 단순한 음모론이 아니라 현실적인 우려로 받아들여지고 있습니다.

윤리

2025년
GPT-4o '지브리 스타일' 논란

AI 아트의 윤리적 경계

누구나 '지브리'가 되는 시대

2025년 3월, 오픈AI가 새로운 이미지 생성 모델 GPT-4o를 공개했습니다. 기존 모델과 달리 언어-이미지뿐만 아니라 이미지-이미지 간의 연관성까지 학습시켜 맥락에 맞는 이미지를 생성할 수 있다는 점이 특징이었는데요.

오픈AI가 라이브 스트리밍으로 진행한 GPT-4o의 시연 과정에서 인상적인 장면이 등장했습니다. 바로 챗GPT에게 즉석에서 촬영한 사진을 주고, "이 사진을 애니메이션 스타일로 바꿔 줘Make it into an anime frame"라는 명령어를 입력한 것인데요. 시연 이후 전 세계 커뮤니티에서는 자신의 사진을 스튜디오 지브리풍으로 변환해 SNS 프로필 사진으로 활용하는 유행이 불길처럼 번지기 시작했습니다.

심지어 오픈AI의 샘 올트먼 CEO까지 자신의 X구 트위터 프로필 사진을 지브리 스타일 이미지로 변경해 큰 화제를 모았죠. 그는 자신의 X에서 GPT-4o 모델의 이미지 생성 기능이 너무 인기가 많아 회사의 GPU 성능을 저하시켰고, 이로 인해 해당 기능이 일시적으로 제한을 받게 되었다고 언급할 정도였습니다.

AI 이미지 생성이 대중적 놀이로 번지면서 '스타일의 공유와 복제'는 일상적 행위가 되었습니다. 유저가 자발적으로 특정 브랜드의 특징을 차용하고 확산하는 흐름은 콘텐츠 산업에서 생산자·플랫폼·유저의 구도를 다시 짜고 있습니다.

AI 웹툰 보이콧 (2023)

아마추어 작가들이 자유롭게 웹툰을 연재할 수 있는 네이버 웹툰의 도전 만화 코너에서 'AI 웹툰 보이콧'이라는 제목의 만화가 게재되며 벌어진 보이콧 운동입니다. 약 60편에 달하는 만화가 같은 형식으로 잇따라 게시되었으며, 이들은 네이버 웹툰의 이용약관을 근거로 작가들의 작품이 AI 학습에 활용될 수 있다는 우려를 제기했습니다. 이에 네이버 웹툰 관계자는 도전 만화를 포함한 작품을 AI에 활용하지 않았다고 밝혔으며, 공모전에서 생성형 AI 사용을 금지하기도 했습니다.

스타일과 창작 윤리

이런 열풍 속에서 윤리적 논란이 제기되기 시작했습니다. 원작자의 동의 없는 스타일 모방과 대중적 소비가 그 자체로 창작 윤리를 저버리는 행위라는 것인데요.

사실 법적인 관점으로 보자면, '스타일'은 저작권의 보호 대상이라고 보기 어렵다는 것이 일반적입니다. 예를 들어 국내에서 2000년대에 유행했던 패션이나 폰트 등 시각적 요소들을 통틀어 일컫는 'Y2K 스타일'에 대해 특정 누군가가 저작권을 독점한다면, 이는 다른 모든 사람의 창작 권리를 침해하게 되겠죠.

그런데 미야자키 하야오 감독의 화풍을 중심으로 하는 '스튜디오 지브리 스타일'은 또 다른 차원의 문제입니다. 단순히 낭만주의, 인상주의 등 예술 사조나 재즈, 힙합 등 보편적인 장르와는 다른, 특정 개인이 연구하고 만들어 낸 고유성을 가지기 때문입니다.

생성형 AI 기술이 시각적 스타일과 창작자의 표현 언어를 학습·재현하는 능력을 고도화하고 있는 지금 '스타일' 자체가 산업적 자산으로써 그 가치와 고유성을 보호받아야 한다는 주장이 거론됩니다. 하지만 스타일은 그 자체로 보호 대상이 되기 어렵다는 기존 저작권 체계와의 간극이 한순간에 좁혀지는 것은 현실적으로 어려워 보입니다.

AI를 바라보는 예술가들의 견해

비에른 울베우스 Björn Ulvaeus, 스웨덴 팝 그룹 ABBA 멤버

"AI는 제 곁에서 또 한 명의 작곡가처럼 함께하는 존재입니다. 창작이 막혔을 때 색다른 아이디어를 던져줄 수 있고, 그게 또 다른 영감으로 이어지기도 하지만, 스스로 완성된 노래를 쓰거나 사람의 감정까지 대체할 수는 없죠."

이모젠 힙 Imogen Heap, 영국 뮤지션

"사람들이 진짜로 원하는 건 인간의 이야기입니다. 그래서 AI가 인간이 이미 할 수 있는 일을 대신하는 데에는 별 흥미가 없어요. 오히려 인간이 한 번도 상상하지 못했던 것을 들려줄 수 있다는 가능성에 더 설레요."

그레이슨 페리 Grayson Perry, 영국 미술가

"AI 모델이 제 작품을 사용해도 별로 개의치 않아요. AI가 제 스타일을 흉내 내는 데에 호기심이 있을 뿐이죠. 다만 AI가 '진정한 혁신'을 할 수 있을지에는 회의적입니다."

레픽 아나돌 Refik Anadol, 미국 미디어 아티스트

"저는 우리가 정량화할 수 있는 모든 정보가 색채pigment가 되고, 예술을 구성하는 재료가 될 수 있다고 믿습니다. 이제 AI는 도구를 넘어선 존재예요."

예술의 본질

예술계 전문가들은 더 근본적인 차원의 문제를 지적합니다. 스튜디오 지브리의 작품들은 인간의 경험을 탐구하고 자연을 존중하는 주제를 다루는 철학적 깊이를 가지고 있습니다. 그런데 AI를 활용해 통제되지 않고 '지브리 스타일' 콘텐츠가 범람했을 때, 스튜디오 지브리가 오랫동안 지켜 온 브랜드 철학이나 창작의 진정성, 예술적 가치를 침해할 수 있다는 우려가 제기됩니다.

이는 단순한 법적 문제를 넘어서는 예술적, 혹은 철학적인 영역이기 때문에 시시비비를 가리기에 더 까다로운 문제일지도 모릅니다. 2025년 6월 현재까지 스튜디오 지브리는 이 논란에 대해 공식적인 입장을 내놓지 않았지만, 미야자키 하야오 감독의 과거 발언이 다시 주목받고 있습니다.

2016년 한 다큐멘터리에서 그는 AI에 대해 "생명 그 자체에 대한 모욕"이라고 표현한 바 있습니다. 당시에는 단순한 개인 의견으로 여겨졌지만, 지금의 상황에서 보면 예언적인 발언으로 해석되기도 합니다.

어쩌면 특정 스타일을 수많은 사람이 소비하고 확산하는 과정에서, 창작자의 정체성이나 창작물에 내재된 철학, 미적 세계관 등은 형식적 결과물로만 치부될지도 모릅니다. AI 시대의 창작 환경에서 창작자에 대한 존중은 어떤 방식으로 재정의되어야 할까요?

창작의 자유와 기술의 윤리 사이

인공지능 발전과 신뢰 기반 조성 등에 관한 기본법 제31조 (2026)

한국의 AI 기본법은 생성형 AI 결과물에 대한 표시 의무를 부과합니다. 생성형 AI를 이용해 제품이나 서비스를 제공할 때, 해당 결과물이 AI에 의해 생성되었다는 사실을 사전에 고지하고 표시하도록 규정합니다. 특히 실제와 구분하기 어려운 가상의 이미지나 영상의 경우 이용자가 이를 명확히 인식할 수 있어야 합니다.

단, 예술적·창의적 표현물의 경우 작품의 향유를 방해하지 않는 선에서 표시 방식을 조정할 수 있도록 예외를 두었습니다. 이는 AI라는 도구의 사용을 투명하게 밝힌다면, 그 결과물이 가진 예술적 맥락과 창작자의 의도 또한 존중한다는 법적 배려로도 해석할 수 있습니다.

저작권

2025년
게티 이미지 vs 스태빌리티 AI

소유권의 경계

법정에 선 AI

2025년, 미국과 영국을 중심으로 AI와 저작권을 둘러싼 주요 소송들이 잇따랐습니다. 앤스로픽Anthropic, 메타, 스태빌리티 AIStability AI 등 세계적인 AI 기업들이 법정에 서게 되면서 'AI 시대의 창작물은 어떻게 보호받을 수 있는가?'라는 질문이 다시 수면 위로 떠올랐습니다.

AI 기업들이 법정에서 내세우는 가장 강력한 방어 논리는 바로 '공정 이용fair use'입니다. 특히 최근의 판결에서는 '변형적 이용transformative use'이라는 표현이 핵심 키워드로 등장하고 있는데요. 이는 AI의 학습 과정이 기존 저작물을 단순히 복제하거나 대체하는 것이 아니라, 새로운 목적이나 기능을 위해 의미 있게 재구성한다는 뜻입니다.

대표적으로 2023년, 작가 앤드리아 바르츠, 찰스 그래이버, 커크 월리스 존슨은 AI 스타트업 앤스로픽을 상대로 소송을 제기했습니다. 앤스로픽이 책을 허락 없이 복제해 자사 언어 모델 클로드의 학습 데이터로 사용한 것이 저작권 침해에 해당한다는 것이었는데요. 원고들은 앤스로픽이 이들 책을 포함한 700만 권 이상의 불법 복제본을 수집하고, 이를 라이브러리 형태로 저장해 클로드 모델 학습에 활용했다고 주장했습니다.

이를 두고 샌프란시스코 연방법원은 "앤스로픽의 AI 훈련은 기존 작품을 그대로 모방한 것이 아니라, 창작자가 되기 위해 배워 나가는 독자처럼 새로운 무언가를 만들어내려는 시도였다"며 변형적인 학습transformative learning이라고 판결했습니다. 이러한 평가는 마치 인간이 다양한 책을 읽고 그것을 바탕으로 새로운 글을 쓰는 것처럼, AI 훈련의 목적과 결과물이 기존 저작물과 실질적으로 구별된다는 논리인 셈입니다.

하지만 같은 재판에서 앤스로픽이 무려 700만 권에 달하는 불법 복제본을 중앙 도서관 형태로 저장해 두었다는 사실에 대해서는 공정 이용이 적용되지 않는다고 판단했습니다. 이는 훈련 목적의 이용은 어느 정도 인정되더라도 데이터 수집과 보관 과정의 정당성은 따로 평가받을 수 있음을 보여주는 사례입니다. 즉, '무엇을 위해 사용했는가'만큼 '어떻게 얻었는가'도 중요하다는 것이죠.

비슷한 시기, 미국 연방법원은 메타를 상대로 한 저작권 소송에서도 AI 기업의 손을 들어주었습니다. 유명 작가 사라 실버먼과 타너하시 코츠 등은 메타가 자신들의 책을 무단으로 수집해 AI 시스템 LLaMA 훈련에 사용했다고 주장했지만, 법원은 메타의 행위가 공정 이용에 해당한다고 판단했습니다.

흥미로운 점은 이 판결이 단순히 메타의 정당성을 인정한 것이 아니라, 원고들의 입증 부족을 지적하며 기각된 사건이었다는 것입니다. 재판부는 "메타의 행위가 저작물 시장에 실제로 어떤 해를 끼쳤는지 원고 측이 충분히 증명하지 못했다"고 판단했습니다. 다시 말해 메타가 완전히 결백하다는 것보다는 원고들이 실제 피해를 구체적으로 입증하지 못했다는 이유로 소송이 기각된 것입니다.

하지만 판결문은 동시에 AI가 인간 창작자들에게 가져올 위험성도 경고하고 있습니다. AI가 수천 권의 책과 수만 개의 창작물을 극히 짧은 시간에 모방해 내는 상황은 기존 창작물의 시장 가치를 빠르게 흔들 수 있으며, 결과적으로 인간 창작의 동기를 약화하는 방향으로 작용할 수 있다는 점을 지적한 것이죠.

앤스로픽 소송 판결문

Authors contend generically that training LLMs will result in an explosion of works competing with their works —

such as by creating alternative summaries of factual events, alternative examples of compelling writing about fictional events, and so on.

This order assumes that is so. But Authors' complaint is no different than it would be if they complained that training schoolchildren to write well would result in an explosion of competing works. This is not the kind of competitive or creative displacement that concerns the Copyright Act. The Act seeks to advance original works of authorship, not to protect authors against competition.

작가들은 LLM을 훈련시키면 자신들의 저작물과 경쟁하는 작품들이 폭발적으로 늘어날 것이라고 주장한다. 예를 들어 실제 사건을 다르게 요약한 글이나, 허구의 이야기를 매력적으로 풀어낸 또 다른 작품 등이 만들어질 것이라는 식이다.

본 판결은 해당 주장이 맞다는 전제하에 내려진다. 하지만 저자들의 불만은, 학생들에게 글쓰기를 잘 가르치면 경쟁 작품이 쏟아질 것이라고 불평하는 것과 다를 바 없다. 이런 종류의 '경쟁'은 저작권법이 다루는 문제가 아니다. 저작권법은 독창적인 저작물을 발전시키기 위한 것이며, 작가들을 경쟁으로부터 보호하기 위한 것이 아니다.

— Bartz v. Anthropic PBC, Order on Fair Use (C 24-05417 WHA) 중 발췌

혁신 그리고 규제

AI와 저작권 분쟁의 현실이 선명하게 드러난 계기 중 하나는 게티 이미지Getty Images와 스태빌리티 AI 사이의 소송이었습니다. 이 사건은 AI 훈련 데이터의 출처와 그 사용 방식에 대한 입증 책임이 실제 법정에서 얼마나 큰 장벽이 되는지를 생생하게 보여주었는데요.

글로벌 이미지 플랫폼 게티 이미지는 스태빌리티 AI를 상대로 자사 저작물을 무단으로 학습에 사용했다고 주장하며 대규모 소송을 제기했습니다. 스태빌리티 AI의 '스테이블 디퓨전Stable Diffusion'은 텍스트 프롬프트를 통해 이미지를 생성하는 AI 모델인데, 게티 이미지는 이 모델이 자사 이미지의 워터마크까지 그대로 재현하는 결과를 만들어냈다고 비판했습니다. 실제로 생성된 이미지에 'Getty Images'라는 글자가 흐릿하게 나타나는 경우가 있었고요.

하지만 2025년 6월, 게티 이미지는 주요 저작권 침해 주장 중 일부를 스스로 철회했습니다. 해당 소송이 영국 법원에서 진행된 만큼, '모델 훈련은 영국 밖에서 이루어졌다'는 스태빌리티 AI의 주장을 뒤집을 만한 증거나 증인을 확보하지 못했기 때문입니다.

이 사건은 한 가지 중요한 현실을 적나라하게 보여줍니다. 바로 AI가 실제로 어떤 데이터를 어떻게 학습했는지를 입증하는 일이 극도로 어렵다는 점입니다. 게티 이미지는 자사 이미지가 무단으로 사용되었으며, 심지어 AI가 워터마크까지 그대로 재현했다고 주장했지만, AI 훈련이 어디에서 어떻게 이뤄졌는지를 정확히 추적할 기술적·법적 수단이 충분하지 않았습니다.

게티 이미지의 주장과 스태빌리티 AI의 반박

게티 이미지의 주장	스태빌리티 AI의 반박
스테이블 디퓨전이 게티 이미지 사진을 허락 없이 대량으로 가져가 모델을 만들었으며, 이 과정 전체가 저작권 침해에 해당한다.	스테이블 디퓨전 모델은 영국 밖에서 만들어졌기 때문에 영국 저작권법으로 판단하기 어렵다.
사진 등 게티 이미지가 만든 데이터가 허락 없이 사용되었다.	데이터 수집과 처리도 영국 밖에서 이루어졌기 때문에 영국 저작권법으로 판단하기 어렵다.
타사의 사진을 무단으로 모아 만든 모델이니, 모델 자체가 불법적으로 만들어진 결과물이다.	모델 안에 사진이 그대로 저장돼 있는 것이 아니기 때문에 불법 복제물로 볼 수 없다.
생성된 이미지 중 게티 이미지의 사진과 거의 똑같아 보이는 것들이 있고, 사실상 베낀 것과 다름없다.	출력물은 특정 사진을 그대로 꺼내는 방식이 아니며, 비슷하게 나오는 정도는 사용자의 프롬프트에 따라 달라질 수 있다.
생성 이미지에 게티 이미지의 워터마크가 그대로 나오는 경우가 있고, 이는 상표권 침해에 해당한다.	워터마크는 모델이 이미지를 만드는 과정에서 우연히 들어간 것일 뿐, 의도적으로 넣은 것이 아니다.

학습과 복제의 경계

세 가지 사건 모두에서 드러난 현실은 명확합니다. 기술은 유례 없이 빠르게 발전하고 있고, 그에 비해 법이나 제도의 변화는 상대적으로 느릴 수밖에 없다는 사실입니다. 생성형 AI는 점점 더 정교해지고, 학습 방식은 비약적으로 발전하고 있는 반면, 저작권법을 비롯한 기존 법 제도는 이러한 기술을 어떻게 정의하고 규제할 것인지조차 명확히 합의하지 못한 상태입니다.

AI 기업들이 말하는 '변형적'이라는 개념은 기술적 관점에서 분명히 의미가 있습니다. 하지만 그 과정에서 기존 창작자들의 권익이 위협받고 있다는 사실도 부정할 수 없습니다. 법이 기술을 따라잡기까지 짧지 않은 시간이 필요한 만큼 그 사이 창작자들과 AI 기업들 사이의 갈등은 더욱 복잡해질 가능성도 높고요. 이는 비단 법적 문제만이 아니라 사회 전체가 고민해야 할 과제가 되고 있습니다.

생성형 AI는 이제 창작 구조와 경제 생태계 전반을 바꿔 놓고 있습니다. 그래서 AI 기술이 점점 더 정교해지는 지금, 우리는 보다 근본적인 질문을 던질 필요가 있습니다. AI가 학습에 활용한 창작물은 분명 누군가의 시간과 창의력, 경험이 집약된 결과입니다. 작가가 밤늦게 원고지 앞에 앉아 고민하며 써 내려간 문장들, 화가가 수없이 많은 스케치를 거쳐 완성한 그림들이 AI의 '학습 재료'가 되었을 때, 그에 대한 적절한 보상은 어떻게 보장되어야 할까요?

또한, 기술이 진화할수록 인간 창작자의 생계와 창작 동기를 보장하는 방법은 점점 더 복잡한 문제로 번지게 될 것이라는 우려도 남습니다. 기술은 창작의 방식을 바꾸고 있지만, 그로 인해 변화하는 책임의 구조는 아직 충분히 설계되지 않았습니다.

지금 우리에게 필요한 것은 기술과 창작, 그리고 권리 사이의 새로운 균형점을 찾기 위한 깊이 있는 성찰일지도 모릅니다. 이 문제에 대한 답은 법정에서만 나오는 것이 아니라 우리 사회가 함께 만들어 가야 할 것이기 때문입니다.

국가별 AI 학습·데이터 이용 관련 법제

유럽연합 디지털 단일시장 저작권 지침 (EU Directive on Copyright in the Digital Single Market)

디지털 형태의 텍스트와 데이터를 분석해 패턴·트렌드·상관관계 등 다양한 정보를 도출하기 위한 모든 자동화된 분석 기법을 TDM Text and Data Mining으로 정의 및 관련 규정을 마련했습니다. TDM의 목적에 따라 허용 범위를 규정하며, 연구기관과 문화유산기관은 합법적으로 접근 가능한 저작물을 연구 목적의 TDM에 활용할 수 있도록 허용하고 있습니다.

일본 저작권법 (著作権法)

감상 목적이 아닌 정보 분석에 한해 저작물을 필요한 범위 내에서 사용할 수 있도록 예외 조항을 마련했습니다. 해당 조항은 AI 학습과 같은 정보 분석 목적의 복제를 허용하되, 저작권자의 이익을 부당하게 침해하는 경우에는 적용되지 않습니다. 2024년 7월에는 일본 문화청이 'AI 저작권 체크리스트&가이드라인 AIと著作権に関するチェックリスト＆ガイダンス'을 발표하며 저작권자 이익 침해 판단 기준 등 지침을 제시하기도 했습니다.

미국 저작권법 (Copyright Law of the United States)

AI 학습과 데이터 활용을 별도 규정으로 다루지 않고 공정이용 원칙을 통해 저작물 복제 및 활용 여부를 판단합니다. 공정이용은 목적·성격, 학습에 사용된 저작물의 양과 특성, 시장 영향 등의 요소를 기준으로 적용됩니다. AI 학습에 관한 최근 분쟁에서도 이러한 요소를 토대로 원저작물의 이용이 공정 이용에 해당하는지 여부가 검토되고 있습니다.

AI가 우리에게
되묻는 것들

마케팅은 필요를 발견할까, 만들어 낼까?

어디서부터 마케터의 일일까?

데이터는
팩트일까, 패턴일까?

인간다운 콘텐츠는
사람이 만들어야 할까
사람처럼 느껴지면
되는 걸까?

완전히 처음인
트렌드가 존재할까?

좋은 메시지는 전달될까, 해석될까?

언제부터 브랜드로 정의할 수 있을까?

소비자는
원한다고 믿는 걸까
정말 원하는 걸까?

좋은 제품은 마케팅 없이도 팔릴까?

측정되지 않는 마케팅은 실패일까?

마케팅은 얼마나 오래 기억되어야 의미가 있을까?

프롤로그

첫 번째 전환점: 2016년 알파고 vs 이세돌 대국

<이세돌"알파고 능력에 대해 오판…인간이 진 건 아니다">, 동아사이언스

<이세돌, 인공지능과의 대결에서 1승 4패>, 동아사이언스

<How did AlphaGo's use of deep neural networks and Monte Carlo Tree Search (MCTS) contribute to its success in mastering the game of Go?>, EITCA

두 번째 전환점: 2022년 오픈AI 챗GPT 무료 공개

<Introducing ChatGPT>, OpenAI

챗GPT, 40일 만에 사용자 1천만 명 돌파…두번째 'AI 돌풍', 이데일리

세 번째 전환점: 2024년 멀티모달 AI의 등장

Introducing Gemini: our largest and most capable AI model, Google

멀티모달 AI란 무엇인가요?, IBM

Three Observations, Sam Altman Blog

1. 창의성의 본질 : 차이를 묻다

한 끗 차이는 어디에서 올까?

뇌에 대한 새로운 설명…"뇌세포들의 투표가 지각을 결정", 한국일보

나이키, 'Why Do It?' 캠페인 통해 오늘의 세대에 다시 'Just Do It' 메시지 전달, NIKE

도브, '리얼 뷰티(Real Beauty)' 18년의 이야기, 매드타임즈

영화 <인셉션>의 음악 큐시트를 통한 음악적 내러티브 연구, 박윤경, 이수홍

The economics of artificial intelligence, McKinsey

2. AI 미디어 : 경험을 묻다

사라지는 검색창, AI는 포털과 소셜을 대체할까?

챗GPT, 두 달만에 월 사용자 1억명 돌파…틱톡보다 빨랐다, 지디넷코리아

챗GPT, 한국인 10명 중 1명이 사용…월 사용시간 52분으로 증가, AI 매터스

챗GPT 혹시 나만 안 쓰나?… 국내 이용자 벌써 2000만명, 조선일보

오픈AI, '챗GPT' 수요 증가에 따라 서울에 지사 설립…"미국 이어 유료 가입자 2위", AI타임스

How Google's AI Mode Compares to Traditional Search and Other LLMs, Semrush

YouTube로 '울림'을 만드는 마케팅: 4S 시대의 영향력 구축 전략, Think with Google

오픈AI, 챗GPT 검색에 '쇼핑' 신설…구글과 경쟁 준비, AI타임스

구글 검색 점유율 10년 만에 90% 아래로…머스크 "AI가 검색을 대체할 것", AI타임스

Search Engine Market Share Worldwide, Statcounter

네이버 실시간 검색어 이달 말 폐지…16년 만에 '역사 속으로', SBS 뉴스

"인급동 안녕"… 유튜브 인기 급상승 페이지, 역사 속으로, 국민일보

X @elonmusk (https://x.com/elonmusk/status/1909480041232449635)

Mobile Operating System Market Share Worldwide, StatCounter

오픈AI, AI 기반 SNS '소라' 출시… 틱톡·인스타와 정면 경쟁, 이코노미스트

SEO에서 AEO로, 검색 없는 시대의 광고는 어디로 향할까?

Transforming audience engagement with generative AI, Microsoft Advertising

AI 네이티브 디바이스의 등장은 무엇을 바꿀까?

Apple, 오늘부터 iPhone, iPad, Mac에서 Apple Intelligence 지원, Apple

애플, AI 비서 '시리' 핵심 기능 출시 연기, 조선일보

세계 첫 '온디바이스 AI'…언어장벽 허물었다, 한국경제

애플, 아이폰에 '챗GPT' 집어넣었다, 한국경제

AI가 바꾼 시선의 기술…스마트 안경의 귀환, 중앙일보

애플 '비전프로' 이달 사전 판매…XR경쟁 달아오른다, 서울경제

메타, 내장형 디스플레이 탑재 스마트 안경 출시…"초지능 구현 적합", AI타임즈

The Biggest Flops In Tech This Year, Business Insider

삼성 손잡은 구글…'말 되는' AI안경 내놨다, 중앙일보

삼성전자, 헤드셋 형태 '갤럭시 XR' 출시, 삼성 뉴스룸

구글, 젠틀몬스터 주주됐다…깊어지는 '스마트 안경 동맹', 한국경제

스마트폰 없어도 안경만 쓰면 끝?…AI 화면 탑재하고도 이 가격, 매일경제

3. 콘텐츠와 광고 : 본질을 묻다

트렌드는 어떻게 시작되고 왜 살아남을까?

스노우, 'AI 프로필 서비스' 출시 한 달만에 150만건 돌파, 전자신문

Does this look like a real woman? AI model in Vogue raises concerns about beauty standards, BBC

100% AI로 5주 만에 8천만 뷰? 대박 터진 영상 실제 프롬프트 최초공개 (야나두 김민철 대표, 김도경 사원) [세바시45], 세바시 강연 Sebasi Talk

AI 크리에이터는 어떻게 새로운 시장을 만들어갈까?

틱톡, AI 아바타 제작 AI 툴 '심포니' 공개, AI matters

Virtual Influencer Market, Roots Analysis

생성형AI 광고소비자인식조사, 메조미디어

4. 브랜드와 소비자 : 생존을 묻다

AI 전환, 무엇을 맡기고 무엇을 남겨야 할까?

The state of AI: How organizations are rewiring to capture value, Mckinsey

국내 최초 오픈소스 AI '엑사원(EXAONE) 3.0' 공개, LG

LG, AI '엑사원 생태계' 첫 공개…"신약 개발부터 투자 분석까지 확장", 중앙일보

'챗GPT 금지령' 삼성전자… 자체 AI 코딩 도입, 디지털포스트

가속화되는 AI 도입과 투자, 기업이 AI를 통해 장기적인 가치를 창출하려면 어떻게 접근해야 할까요?, EY한영

AI 네이티브 기업은 시장을 어떻게 바꿀까?

"잔잔하게 웃긴 영화 추천해줘"라 해도 척척…넷플릭스, AI 앞세워 변신, 한국경제

토스뱅크, 자체 개발 채팅상담 시스템 '헬프챗' 선보여, 뉴스핌

1억짜리 팔찌도 판다…명품주얼리, 카카오 '똑똑', 서울경제

작은 브랜드가 AI를 무기로 대기업과 대적할 수 있을까?

A global dress distributor gave AI a chance. Now it makes creative content faster, and overstock is down 40%., Business Insider

에필로그

신뢰성

<Dublin Halloween parade hoax dupes thousands into packing Ireland capital's streets for nothing>, CBS NEWS

<The Guy Behind the Fake AI Halloween Parade Listing Says You've Got It All Wrong>, WIRED

<선관위, '딥페이크 특별팀' 가동…"AI 사진·영상 활용 선거운동 주의">, 한겨레

<선거 90일 전 '딥페이크' 선거운동 금지…

공직선거법, 국회 통과>, 머니투데이

공직선거법 제82조의8(딥페이크영상등을 이용한 선거운동)

[시행 2025. 4. 1.] [법률 제20902호, 2025. 4. 1., 일부개정]

<The Dead Internet Theory, Explained>, Forbes

<2025 Imperva Bad Bot Report: How AI is Supercharging the Bot Threat>, Imperva

Chaos as thousands gather for Dublin Halloween parade — which didn't exist, The Times

deepfake : AI-generated synthetic media, Britannica

[생성 AI 길라잡이] 생성형AI의 양면성 '딥페이크', 왜 문제인가?, 동아일보

할리우드 작가 '146일 파업' 풀어, 조선일보

할리우드 파업 종료에 "환상적인 승리" 평가 나오는 이유, 미디어오늘

Getty Images v Stability AI: the implications for UK copyright law and licensing, Pinsent Masons, Cerys Wyn Davies

〈Particulars of Claim (Getty Images Ltd & Others v. Stability AI Ltd)〉, High Court of Justice (England & Wales)

[치지직 클립 광고 인센티브 약관] 개정 공지 (업데이트), 치지직

X의 그룹 노트 소개, X

틱톡, 파트너십 통해 AI 투명성 증진… AI생성 콘텐츠에 식별 라벨 자동 부착, TikTok

How 'Welcome to Chechnya' used A.I. and machine learning

techniques to mask the doco's subjects, befores & afters

윤리

<Introducing 4o Image Generation>, OpenAI

<4o Image Generation in ChatGPT and Sora>, OpenAI

<Sam Altman says ChatGPT's viral image-generation

AI is 'melting' OpenAI's GPUs>, Fortune

<ChatGPT's Studio Ghibli-style images show its creative power - but raise

new copyright problems>, The Conversation, Jo Adetunji

<Why the AI-generated 'Studio Ghibli' trend is so controversial>, ABC NEWS

"내 그림 훔치지마"…네이버웹툰 도전만화서 'AI웹툰 보이콧', 머니투데이

지브리, 오픈AI에 "콘텐츠 무단학습 중지" 요구 서한, 연합뉴스

ABBA Musician Bjorn Ulvaeus Says He's Using AI

to Help Write New Musical, PEOPLE

Refik Anadol: Living and Creating Art in the Age of AI, .ART

'World champion of appropriation' Grayson Perry says he

isn't bothered by AI using his work, The Guardian

Imogen Heap on AI, making her own voice model, and a new

era of musical collaboration, musicradar, Clovis McEvoy

저작권

London AI firm says Getty copyright case poses 'overt threat' to industry, The

Guardian

Getty Images spending millions to battle a 'world of rhetoric' in AI suit, CEO

says, CNBC

Getty Images v. Stability AI: A Prelude to The Long-Awaited Trial, Simmons

& Simmons LLP

Shutterstock Expands Partnership with OpenAI, Signs New Six-Year
Agreement to Provide High-Quality Training Data, Shutterstock

<AI 훈련 위해 책 무단으로 사용해도 합법, AI 기업 소송에서 이겼다>,
파이낸셜뉴스

Disney and Universal sue AI firm Midjourney over images, BBC

Getty Images v Stability AI: the implications for UK copyright
law and licensing, Pinsent Masons, Cerys Wyn Davies

〈Particulars of Claim (Getty Images Ltd & Others v. Stability AI Ltd)〉, High
Court of Justice (England & Wales)

『이슈와 논점』 AI 데이터 학습과 저작권 문제 해결을 위한 과제, 국회입법조사처

2024-7-[EU, 일본] 유럽연합과 일본의 TDM 규정과 그 적용 범위,
한국저작권위원회

<Order on Fair Use (Andrea Bartz et al. v. Anthropic PBC)>, United States
District Court for the Northern District of California, William Alsup

포스트 마케팅

초판   1쇄 발행 2025.01.19

지은이   김용태 김연지 김진구 김소연 박수진

편집   김소연 박수진

마케팅   최유정

디자인   나침반 소현진 성주원

펴낸이   김용태

펴낸곳   ㈜더에스엠씨

출판등록   2025년 8월 1일 (제 2025-204호)

주소   서울특별시 강남구 봉은사로 49길 22, 2층

대표전화   02-816-9799 ｜ 팩스 02-6499-1023

이메일   pr@thesmc.co.kr

ISBN   979-11-995986-0-7